CRESCITA PERSONALE

3 *Libri in* 1

Migliora la Tua Vita Attraverso
l'Intelligenza Emotiva,
la Terapia Comportamentale Cognitiva
e la Comunicazione Assertiva

MIND CHANGE ACADEMY

Un regalo per te

Per ringraziarti del tuo acquisto riceverai in regalo un'agenda gratuita solo per chi leggerà questo libro.

Grazie al DIARIO DELLE EMOZIONI avrai un'agenda di riferimento da stampare per scoprire le regole per gestire le tue emozioni.

Scrivere tutte le emozioni che provi è il primo passo per capire che effetto hanno sulla tua vita, comprenderle e infine gestirle per vivere una vita più serena.

Vuoi iniziare a scrivere il tuo DIARIO DELLE EMOZIONI? Corri a scaricarlo gratuitamente.

Fai click su questo link per scaricare gratuitamente

https://BookHip.com/PJPZDBK

Sommario

L'INTELLIGENZA EMOTIVA

UNA GUIDA PRATICA PER IMPARARE A CONTROLALRE LE TUE EMOZIONI MIGLIORANDO LE ABILITÀ SOCIALI. IMPARA A GESTIRE LE PERSONE PER AVERE SUCCESSO NELLE RELAZIONI E NEL BUSINESS

MIND CHANGE ACADEMY

Introduzione

Il concetto di emozioni e di empatia è un campo vasto che può essere ristretto. Il primo passo è capire il significato di questi termini. Le emozioni possono essere definite come un'esperienza negativa o positiva correlata ad un certo modello di comportamento psicologico. L'empatia, d'altra parte, è descritta come la capacità di una persona di capire e condividere i sentimenti degli altri. La parola "empatia" viene dal tedesco *Einfühlung* che significa "sentire dentro".

Bisogna sapere cosa sia l'empatia per capire la propria intelligenza emotiva. Questa aiuta a gestire facilmente diverse situazioni, ad esempio il partner che torna a casa dal lavoro con delle brutte notizie. Per questo viene considerata da diversi decenni come parte integrante della vita di ognuno, poiché offre la possibilità di sentirti in connessione con chi ti circonda e di amarlo. Esistono diverse sfaccettature utilizzate per descrivere il ruolo dell'empatia nella vita delle persone e di conseguenza gli psicologi identificano varie modalità per provare empatia; tra i più comuni si ricordano l'empatia emotiva, compassionevole e cognitiva.

L'empatia emotiva, cognitiva e compassionevole si alternano in diversi modi durante la propria vita; il loro effetto è, seppur con varie sfaccettature, una conseguenza della vita quotidiana di una persona. L'esperienza di vita attraverso la famiglia, il lavoro e gli amici influisce sul manifestarsi di queste categorie. Sarà inoltre possibile notare tali differenze avendo a che fare con queste tipologie di persone durante la propria vita di tutti i giorni: al giorno d'oggi sono stati registrati diversi esempi e sarà possibile consultare questi documenti grazie all'uso della tecnologia, che ha reso il mondo più a portata di mano.

Vuoi saperne di più? Allora siediti, inizia a leggere e mentre ci immergiamo a pieno nella questione.

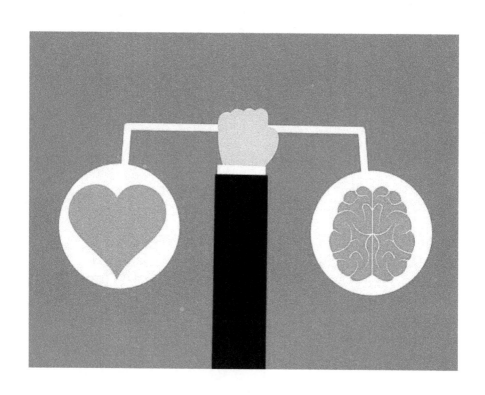

L'Intelligenza Emotiva.

Cosa sono Intelligenza Emotiva e Cervello Emotivo

È molto comune nella vita degli esseri umani guardare indietro alle decisioni importanti prese nel passato e interrogarsi. Le domande che più di frequente affiorano alla mente di una persona sono: "Come mi è venuto in mente?" o "Perché l'ho fatto?"; queste situazioni portano alla luce il concetto di intelligenza emotiva, uno strumento importante nella vita quotidiana di un essere umano che aiuta ad allontanare i rimpianti.

L'intelligenza emotiva può essere intesa semplicemente come la capacità di un individuo di identificare, capire, usare e controllare le emozioni; è essenziale che questo processo avvenga in modo calmo perché abbia un impatto positivo ed efficace. Un individuo dotato di una forte intelligenza emotiva ha diversi vantaggi nella vita di tutti i giorni: è in grado di comunicare al meglio con gli altri, di risolvere i conflitti, di migliorare le sue relazioni e di limitare gli stati d'ansia; una forte intelligenza emotiva migliora inoltre la capacità di una persona di essere empatica, elemento fondamentale nelle relazioni.

L'intelligenza emotiva contribuisce fortemente a migliorare la qualità della vita poiché esercita una forte influenza sul comportamento degli altri; infatti una persona che si comporta solitamente in modo corretto è più predisposta ad intrattenere relazioni sane, le quali favoriscono una buona qualità di vita. Ad una forte intelligenza emotiva si associa generalmente una maggiore consapevolezza di sé; queste qualità aggiungono diversi elementi alla vita di una persona, dal momento che possiede degli obiettivi, un certa autonomia e determinazione, componenti fondamentali per una vita di qualità.

Gran parte della comunità mondiale è fortemente influenzata dal processo decisionale, ma molte persone prendono le proprie decisioni tenendo unicamente in considerazione gli avvenimenti e le circostanze presenti. Il pensiero che annebbia la loro mente in queste situazioni complicate è la percezione di non avere la possibilità di cambiare le cose e l'impatto di questi pensieri sulla mente di un individuo porta a tenere in considerazione una quantità limitata di opzioni e soluzioni; è pertanto consigliabile prendersi del tempo per riflettere sulle diverse possibilità, perché riflettere aiuta a valutare la situazione e a trovare la soluzione migliore per gestirla.

Sviluppare un quoziente di intelligenza emotiva ha effetti maggiori sulla vita di un individuo rispetto al successo. Il quoziente emotivo costituisce un modello standard usato dagli psicologi per determinare l'intelligenza emotiva di una persona; il processo è fortemente influenzato dalla sua situazione personale e dalla sua intelligenza. Gli effetti di un alto quoziente emotivo si rivelano in diversi aspetti della vita di un individuo: incide sul modo in cui una persona compie le sue scelte, trova soluzioni e crea nuove possibilità nelle situazioni complicate. Ad ogni modo ci sono diversi metodi per migliorare il proprio quoziente emotivo.

Perché l'Intelligenza Emotiva è Così Importante

Il valore che si attribuisce oggi all'intelligenza emotiva sul posto di lavoro non è solo una moda passeggera, presto dimenticata da chi ora ne è entusiasta. I benefici che derivano dall'assumere un personale emotivamente intelligente sono infatti evidenti.

I dipendenti emotivamente intelligenti gestiscono meglio la pressione.

Se oggi la forza lavoro è diversa da quella di un tempo, anche il posto di lavoro lo è: un tempo era generalmente più rilassato mentre quello moderno sembra essere spietato e pieno di pressione. Consapevoli di ciò, i responsabili delle risorse umane sanno che i dipendenti più emotivamente intelligenti sono maggiormente predisposti ad avere successo lavorando sotto pressione, proprio perché sono in grado di gestire le loro emozioni anche quando il gioco si fa duro. Immaginate un ambiente in cui i dipendenti non siano in grado di gestire le proprie emozioni; cosa accadrebbe con l'avvicinarsi una scadenza importante? È probabile che non si farebbe che urlare andando alla ricerca di un capro espiatorio: un disastro assicurato.

I dipendenti emotivamente intelligenti sono più bravi a prendere decisioni.

Il processo decisionale è un'attività quotidiana nel mondo degli affari, bisogna decidere come risolvere i problemi dei clienti, a quali clienti proporsi, quali colleghi inserire in un determinato team, come strutturare una report per un cliente, come gestire il carico di lavoro in modo efficiente e una lunga serie di altre decisioni. Più si è emotivamente intelligenti, più si è capaci di prendere decisioni efficaci; infatti essere in grado di gestire le proprie emozioni permette di prendere decisioni che non sono semplicemente emotive: le emozioni sono sicuramente importanti, ma di solito non sono ottimi catalizzatori all'interno del processo decisionale.

Immagina di essere un Team Leader che debba presentare un progetto a un cliente; c'è un collega molto capace nell'esecuzione della due diligence finanziaria, competenza di cui avete bisogno per questo progetto. Sfortunatamente, per ragioni a te sconosciute, a questo collega non piaci molto e te lo ha fatto capire chiaramente, fino al punto da mancarti pubblicamente di rispetto. Che cosa fai?

Una persona priva di intelligenza emotiva potrebbe essere tentata di iniziare una lotta di potere con questo collega: dopo tutto dovrebbe rispettare il suo Team Leader a prescindere dalle divergenze.

Tuttavia se sei emotivamente intelligente escogiterai un modo per relazionarti con il tuo collega perché ti renderai conto che metterti contro di lui non farà altro che rovinare i progressi del team, quindi troverai una soluzione per svolgere il tuo ruolo di Team Leader senza passare dalla parte del torto: invece di fare il suo stesso gioco sii superiore, sarai troppo concentrato a comportarti in modo maturo per abbassarti al livello del tuo collega; sei consapevole di te stesso, equilibrato, motivato interiormente e dotato delle abilità sociali necessarie per gestire un collega che si comporta come un bambino viziato.

I dipendenti dotati di un alto QE affrontano meglio i conflitti

Sul posto di lavoro si incontrano molte personalità e quando diverse individualità si ritrovano nello stesso luogo la possibilità che si scontrino è alta. I colleghi non possono andare sempre d'accordo: si possono organizzare cene o feste per il personale un fine settimana sì e uno no, ma nasceranno comunque divergenze e conflitti all'interno del personale. Di fronte ai contrasti c'è bisogno di dipendenti che sappiano risolvere la situazione senza farne un dramma.

feeling
memory
anxiety
thought
dread
response
reaction
emotion
impulse
dread
longing
attitude
linkage
reflex
judgment
bias
urge
belief
action
sensation
fear
viewpoint
narrative
posture
reply
perspective
affiliation
meaning
instinct
experience

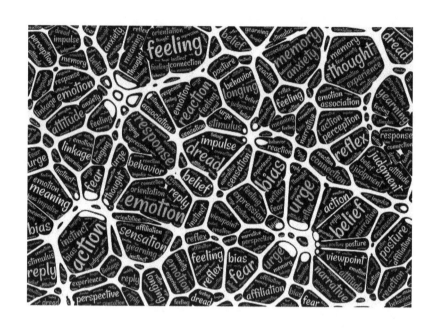

Il Controllo delle Emozioni

Come funziona l'Intelligenza Emotiva

L'intelligenza emotiva è di vitale importanza nel nostro rapporto con gli altri e con noi stessi. Daniel Goleman, autore di Emotional Intelligence, afferma che l'ottantacinque per cento del nostro successo personale e professionale dipende dal QE.

La vita ci riserva colpi inaspettati in qualsiasi momento. Ti siete mai domandato perché alcune persone sappiano affrontarli a testa alta, mentre altre sembrino non reggere il loro peso? Ti è mai capitato di osservare due persone che affrontavano una stessa disgrazia ma dimostravano livelli di resilienza molto diversi? L'intelligenza emotiva è uno degli elementi che maggiormente influiscono sui tempi di ripresa di fronte a situazioni dolorose.

Un metodo per applicare il QE alla nostra vita quotidiana è coltivare l'arte della determinazione. Vivendo sul pianeta Terra, circondati da così tante persone, siamo destinati a trovarci di fronte a situazioni che si riflettono sulla nostra persona. La determinazione implica possedere una forte autostima e fiducia in se stessi; se ci troviamo in situazioni che ci fanno sentire minacciati o nelle quali la nostra integrità viene messa in discussione, la reazione appropriata è rimanere calmi, ma questo è possibile solo quando comprendiamo le ragioni del comportamento dell'altro.

La pratica della Mindfulness è un buon metodo per aumentare il QE nella nostra vita quotidiana: fare passeggiate o praticare yoga e meditazione può aiutare a sentirsi parte dell'ambiente circostante; essere consapevoli di se stessi, delle emozioni che si provano e di quelle degli altri, fare respiri profondi e stabilizzarsi può aiutare a far scorrere il tempo quando ci si trova in una situazione complicata.

Senti le tue emozioni, non reprimerle: essere emotivamente intelligenti non vuol dire soffocare o allontanare i propri sentimenti, anche le persone più calme e tranquille sperimentano la loro buona dose di emozioni travolgenti, la differenza sta nel modo in cui le esprimono. Bisogna trovare sfoghi creativi e sani invece di trasferire la nostra tristezza, l'aggressività e altre emozioni negative sugli altri. È normale provare emozioni, ma non bisogna reprimerle né cadere in preda a crisi isteriche.

Parlando invece di affari, il QE risulta indispensabile durante una negoziazione: controllando le tue emozioni, comunicando in maniera efficace e intuendo l'umore, i limiti e le peculiarità delle persone di fronte a te riuscirai a chiudere le trattative a tuo favore. Le emozioni si rivelano spesso attraverso il linguaggio del corpo, le espressioni facciali e altre variabili paralinguistiche, dunque possedere un alto QE ci rende sensibili a questi cambiamenti, mentre l'empatia ha un ruolo determinante per quanto riguarda l'uso che si fa di queste informazioni.

Nelle attività quotidiane il QE permette di comprendere se un particolare problema dipende da te o dagli altri: a volte siamo noi il soggetto tossico e nonostante gli sforzi non è possibile comportarsi sempre bene con tutti. L'essere umano è intrinsecamente imperfetto e dal momento che l'autoconsapevolezza e l'autoregolazione sono parte integrante del QE, riconoscere di essere in difetto può essere molto utile per risolvere uno scontro.

Mostra sempre amore e gratitudine. Apprezzare ciò che hai ti aiuta a rafforzare l'intelligenza emotiva; mostrare amore e gratitudine a coloro che ti circondano favorisce la comprensione reciproca e l'unione. Si può dimostrare empatia pagando il biglietto dell'autobus a un perfetto sconosciuto o cercando di sostenere un collega.

Uno dei fattori che determina il fallimento o il successo delle relazioni interpersonali è la compatibilità tra il QE dei due individui.

Riconoscere ed Esprimere le Proprie Emozioni

Le emozioni si suddividono in primarie, secondarie e terziarie.

Le emozioni primarie sono quelle di partenza, che si provano in risposta ad una percezione. Si tratta di paura, rabbia, tristezza, gioia, amore e sorpresa, le emozioni che si provano senza pensare; sono sentimenti istintivi che non si possono prevedere. Immagina di camminare per strada in compagnia di un amico e che un ciclista spericolato lo investa: probabilmente l'emozione che sentiresti in modo istintivo sarebbe la paura, il timore che una persona cara possa stare male.

Le emozioni primarie vengono definite come transitorie perché scompaiono rapidamente per poi essere rimpiazzate da emozioni secondarie o diventare esse stesse secondarie.

Le emozioni secondarie sono una derivazione di quelle primarie e le sostituiscono: l'emozione di paura che provi vedendo un tuo caro investito da un ciclista imprudente può essere sostituita dall'emozione secondaria della rabbia; potresti infatti sentirti arrabbiato nei confronti del ciclista per aver causato dolore a una persona che ami.

Ci sono così tante emozioni che sarebbe impossibile classificarle tutte, ma di seguito è riportato un elenco complessivamente esaustivo delle emozioni umane e del loro significato. Questo elenco individua le emozioni di base, i loro significati e le emozioni secondarie e terziarie ad esse associate; mentre scorri la lista cerca di ricordare i momenti in cui hai provato ciascuna di queste emozioni e prova a tenere a mente le situazioni in cui hai visto qualcun altro esprimere ciascuna delle emozioni registrate. Prenditi tutto il tempo di cui hai bisogno.

Allenare la Propria Intelligenza Emotiva

Ogni persona, con il proprio carattere, è molto diversa dalle altre; per questo è così importante cercare di migliorare la propria capacità di interpretare le emozioni degli altri. Gli psicologi si sono spinti fino a tentare l'interpretazione delle emozioni tramite la scienza, come ad esempio attraverso la previsione affettiva; per farlo si servono di statistiche come il calcolo dell'indice di correlazione tra le singole previsioni affettive di tutte le persone interessate. In effetti in qualche caso la ricerca funziona, ma nessuno può realmente misurare il comportamento di una persona. A seguire alcuni metodi per migliorare il proprio QE.

In primo luogo focalizzati sui sentimenti e sulle esperienze interiori del prossimo come se fossi tu a viverle, cerca di metterti ad esempio nei panni di un tuo collega; in questo modo sarà facile comprendere ciò che l'altra persona sta provando e quindi potrai darle consigli utili su come comportarsi. Facendo ciò l'altra persona sentirà che i suoi sentimenti vengono tenuti intimamente in considerazione.

Mentre l'altra persona parla, ascoltala con attenzione e fai sempre caso ai segnali non verbali cercando di analizzare gli indizi. Prova anche a intuire le diverse emozioni che mostra, analizzando ad esempio la variazione tonale e i gesti; assicurati che non ci siano distrazioni mentre ascolti e inizia a disegnare un'immagine mentale di ciò che ti dice; notando il tuo coinvolgimento e il tuo interesse ti rivelerà i suoi sentimenti più profondi.

Sii flessibile, cambia e adattati al suo umore. Durante un litigio le persone intelligenti tendono a mitigare i toni, spesso adattandosi al punto di vista altrui e cercando di capirne il significato: magari scoprirai che sei tu ad essere dalla parte del torto. Quando l'altro si sbaglia non criticarlo duramente, cerca prima di dare credito alla sua opinione e poi esponi la tua idea con educazione. I leader, i giudici e i mediatori, chiamati a prendere decisioni, dovrebbero possedere questa capacità.

Rifletti sui tuoi punti deboli come su quelli degli altri. Se quando subisci un torto diventi irascibile impara a controllarti e durante uno scontro cerca di restare tranquillo e di contenere l'aggressività. Prova inoltre a individuare velocemente i difetti dell'altro: tramite questi una persona con un buon QE può capire come trattare l'altro perché conosce i criteri per gestire le diverse debolezze, per esempio se una persona soffre di disturbo della personalità saprai gestire con calma le sue recriminazioni.

Chiedi sempre l'opinione degli altri. L'intelligenza emotiva, come tutte le abilità, deve essere appresa; non si può imparare da soli e per questo consultare gli altri al fine di conoscere il loro parere aiuta a capire di più di una certa tematica. Inoltre le loro risposte ti aiuteranno a sapere come reagiscano e quali siano i loro sentimenti, prendendo così in considerazione le loro emozioni per costruire fiducia e relazioni sane.

Impegnati a comprendere il comportamento degli altri: ogni persona in questi contesti mostra sentimenti differenti, quindi osservandole potrai acquisire nuove conoscenze. Capirai come gestire vari aspetti emozionali, disporrai dei giusti mezzi per consigliare i tuoi colleghi e potrai trarre vantaggio dalla tua esperienza personale quando incontrerai persone con disturbi della personalità.

Sii sempre ottimista in ogni circostanza: da ogni situazione deriva qualche difficoltà che deve essere affrontata con un approccio intelligente. La negatività lede l'autostima di cui ogni persona necessita per portare a termine i propri compiti; avere a che fare con persone del genere potrebbe rivelarsi complicato, ma se affronterai la situazione con positività riuscirai a comprendere anche i loro sentimenti.

Le persone emotivamente intelligenti sono disponibili e socievoli, si sentono libere di parlare e di interagire con gli altri, hanno eccellenti capacità interpersonali e intrapersonali; sono consapevoli di se stesse e non amano perdere tempo nei conflitti, possono relazionarsi con chiunque e sono abili nel far capire agli altri ciò in cui credono. Attraverso l'interazione entrano in contatto con i pattern emotivi di diverse persone e tramite queste informazioni imparano a relazionarsi con gli altri.

Saper sfruttare e Controllare Emozioni Positive e Negative

È importante prestare attenzione sia alle emozioni negative che a quelle positive e stabilire l'approccio giusto per gestirle abilmente. Insegna ai tuoi figli che sentimenti spiacevoli come la rabbia devono essere previsti in ogni situazione perché sono salutari; il modo in cui vengono gestiti determina se ci sarà o meno armonia in famiglia. Un genitore emotivamente intelligente saprà insegnare ai propri figli le strategie da usare per calmarsi in queste situazioni, spiegando loro come scegliere quale azione intraprendere per affrontare il problema una volta che si saranno calmati. Insegnare ai bambini, attraverso la conversazione e gli esempi, come vivere in modo emotivamente intelligente è di vitale importanza; mostrare loro la strada dell'intelligenza emotiva giocherà un ruolo fondamentale per ridurre il numero di bambini che lottano con la sovralimentazione. Guardare alle cose da un punto di vista positivo contribuirà a limitare i comportamenti distruttivi.

Coltiva l'ottimismo e abbraccia il realismo

I componenti di una famiglia emotivamente intelligente sanno coltivare la positività e l'ottimismo. Non solo riconoscono, ma accetta la realtà; credono in loro stessi e nel fatto di poter attraversare momenti difficili e uscirne vittoriosi. Lo spirito di isolamento non trova spazio in famiglia e sono consapevoli di avere ciò che serve per creare un nucleo familiare attivo: ognuno è pronto ad aiutare l'altro nei momenti di bisogno e a imparare dalle sue esperienze. Vedono la vita con positività e non lasciano che un avvenimento negativo rovini l'armonia familiare; sono molto felici e ogni persona all'interno della famiglia contribuisce a creare allegria.

Sviluppare l'Abilità dell'Intelligenza Emotiva: Valori e Benefici

Quelle che seguono sono le competenze personali che derivano dal concetto di intelligenza emotiva. Di solito non è facile ottenere il 100% di queste qualità, ma è tuttavia possibile lavorare sui propri limiti. Per raggiungere prestazioni eccellenti è necessario possedere cinque caratteristiche essenziali, tra cui: le competenze sociali, la consapevolezza di sé, l'auto-motivazione, l'autoregolazione e l'empatia.

La Consapevolezza di Sé

La consapevolezza di sé implica saper conoscere e comprendere la propria condizione interiore, le proprie intuizioni e le proprie preferenze. Si tratta sostanzialmente di essere emotivamente consapevoli, riconoscendo le proprie emozioni e gli effetti delle stesse, di conoscere accuratamente se stessi, essendo coscienti dei propri punti di forza e dei propri limiti e di avere fiducia di sé, conoscendo il proprio valore e le proprie capacità.

L'Autoregolazione

La parola autoregolazione fa riferimento alla capacità di gestire le proprie risorse interiori e gli impulsi, vale a dire: autocontrollo (essere in grado di controllare i propri impulsi e le emozioni dirompenti); affidabilità (essere in grado di mantenere alti standard di integrità e onestà); coscienziosità (assumersi la responsabilità dei propri comportamenti); adattabilità (essere flessibili nell'affrontare i cambiamenti).

Le Abilità Sociali

Possedere abilità sociali significa avere molta esperienza ed essere in grado di dare consigli opportuni alle persone intorno a sé. Lavorando sulle tue abilità sociali diventerai capace di influenzare o persuadere gli altri e di comunicare chiaramente, in modo aperto e convincente; sarai in grado inoltre di gestire i conflitti, di partecipare ad attività di gruppo e di stringere legami.

L'Empatia

Una persona empatica è consapevole dei sentimenti degli altri, è in grado di capirli, di dar loro supporto, di far leva sulla diversità e di interpretare gli stati emotivi del momento.

La Motivazione

Essere motivati significa possedere tendenze emotive che guidano o facilitano il raggiungimento dei propri obiettivi ed essere in grado di trovare una spinta interiore, di impegnarsi ed essere ottimisti.

Comprendendo le cinque caratteristiche essenziali dell'intelligenza emotiva esposte a seguire, potrai migliorare la chimica cerebrale delle emozioni, imparando a rispondere piuttosto che reagire anche di fronte a situazioni emotivamente pesanti: con queste cinque abilità saprai rispondere piuttosto che reagire e metterti sulla difensiva. Tramite l'approccio dell'intelligenza emotiva manterrai la calma, avrai una prospettiva chiara della situazione e prima di giudicare ascolterai senza reagire a spada tratta. Inoltre saprai mostrarti con il tuo vero "io": la maggior parte delle persone tende a nascondere la propria identità soprattutto di fronte a situazioni o persone difficili; ma una persona emotivamente intelligente sarà in grado di mostrarsi con integrità e trasparenza emotiva. L'intelligenza emotiva ti aiuterà a pensare prima di parlare, a praticare l'autocontrollo, a considerare la situazione nella sua interezza e quindi a gestire meglio le condizioni difficili; questi fattori ti permetteranno di avere il controllo su tutte le tue emozioni e quindi di controllare la tua chimica cerebrale.

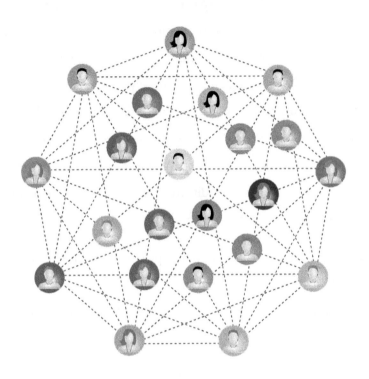

Le Abilità Sociali

Cosa Sono Le Abilità Sociali

Le abilità sociali e una buona capacità comunicativa sono tra le cose che maggiormente aiutano non solo a sopravvivere, ma anche ad avere successo nella vita quotidiana e nella carriera. A prescindere da quanto siano brillanti le tue idee o da che persona appassionata e sincera tu sia, se non riesci a comunicare bene con chi ti circonda tutto ciò perderà di valore, perché nessuno sarà in grado di capirti né di entrare pienamente in sintonia con te. Le abilità sociali sono una risorsa molto preziosa che permette di stabilire i rapporti necessari a soddisfare un bisogno primario insito in ogni essere umano: relazionarsi con il prossimo.

Le abilità sociali possono essere sviluppate e coltivate nel tempo, e le ragioni per farlo sono svariate perché possedere forti capacità sociali può davvero giocare a tuo favore. Se le tue abilità sociali sono buone sarai in grado di:

Instaurare relazioni significative e durature.

Rapportarti facilmente con persone provenienti da contesti culturali e percorsi di vita diversi.

Integrarti facilmente in qualsiasi ambiente sociale

Sviluppare nel tempo ottime capacità di comunicazione senza rendertene nemmeno conto.

Esprimere i tuoi pensieri, le idee e le opinioni facendoti facilmente capire dagli altri.

Empatizzare al meglio con il prossimo.

Migliorare la tua reputazione e la tua posizione sul posto di lavoro.

Godere di una migliore qualità di vita andando facilmente d'accordo con chi ti circonda.

Affinché le tue abilità sociali possano essere un successo devi imparare a trasmettere il tuo messaggio in modo chiaro e indubbio. Alla fine di questo libro sarai sulla buona strada per diventare più sicuro e capace nelle tue abilità sociali e comunicative, stabilire relazioni positive e genuine con le persone che entreranno nella tua vita ed essere felice.

Il valore sociale di una persona corrisponde alla posizione che occupa all'interno della gerarchia sociale e dipende dalla qualità della sua rete di relazioni.

Chi sono i suoi amici, colleghi, conoscenti, contatti professionali e quanti ne ha? Ha una rubrica piena? Può fare carriera grazie alle raccomandazioni? O deve contare solo sul merito e sui capricci dei suoi superiori?

Allo stesso modo si può parlare di valore sessuale per determinare il potere di seduzione di una persona in relazione al suo valore sociale; il valore sociale è una nozione mutevole, fatta di non detti e lascia spazio a tutte le interpretazioni possibili in base alla soggettività dell'interlocutore. Una persona in cerca di potere sarà quindi in grado di volgere queste interpretazioni a proprio favore.

Le persone costruiscono la percezione che hanno del tuo valore sociale in base alle interazioni che hanno con te; allo stesso modo tu percepisci il tuo valore attraverso la tua relazione con te stesso, in altre parole la tua autostima. Quindi abbiamo a che fare con un fenomeno che dipende dalla soggettività di chi lo percepisce.

Si tratta di un'illusione sociale, della maschera che indossi per avere successo nella società, il tuo comportamento, le tue conversazioni e il tuo aspetto. A seconda delle tue abilità sociali il valore sociale percepito crescerà o diminuirà rispetto al tuo valore reale.

Il tuo effettivo valore sociale è l'insieme delle tue qualità, che sono visibili a tutti e che non possono essere messe in discussione; si tratta delle tue abilità sociali (intellettuali, atletiche, artistiche), il tuo reddito e il tuo aspetto fisico.

Per cercare di capire più chiaramente ti proponiamo in questo libro alcune delle migliori soluzioni per rafforzare le tue abilità sociali; sarai poi in grado di identificare quelle che sono più rilevanti per la tua vita personale e professionale e ti daremo in seguito qualche esempio pratico per lavorarci su.

Anche se non lavori nel servizio clienti, nelle vendite o nelle risorse umane, le abilità relazionali sono uno strumento professionale indispensabile. Che tu stia collaborando in un progetto con un collega insicuro, che stia realizzando una fusione aziendale con importanti società esterne o stia vivendo una relazione, avrai bisogno di fiducia, empatia e comunicazione per trarre il massimo da ogni interazione personale e professionale. In questo modo troverai appoggio e allo stesso tempo dimostrerai ai tuoi superiori che sei in grado di tirare fuori il meglio dagli altri, qualità essenziale per la crescita sociale e lavorativa.

Sai come andare d'accordo con un collega o con il tuo partner? Sai trattenere quella nota di irritazione nella tua voce quando non sei d'accordo con un collega o un amico, sai dimostrare a un collega o a un amico che sta affrontando un momento di stress che sei lì per sostenerlo? Se hai risposto "sì" a tutte queste domande, allora complimenti: sei una persona con eccellenti abilità sociali. Se invece hai risposto "no" alla maggior parte delle domande, allora questo libro fa proprio al caso tuo e ti aiuterà a migliorare le tue abilità sociali.

Perché le Abilità Sociali sono Importanti

Le abilità sociali vengono spesso sottovalutate, ma sono fondamentali per avere successo all'interno della società, in quanto facilitano le interazioni. Purtroppo nonostante sia un elemento fondamentale sembra che stiamo perdendo la capacità di socializzare piuttosto che migliorarla: i bambini in particolare sono diventati troppo dipendenti dai dispositivi digitali e passano troppo tempo a fissare uno schermo piuttosto che provare a creare relazioni significative con gli altri. C'è bisogno di parlare di più, interagire di più, comunicare più spesso faccia a faccia piuttosto che da dietro uno schermo. Questa tendenza è estremamente preoccupante e infatti diversi studi condotti sull'argomento sostengono i pericoli della dipendenza da social media e dispositivi digitali.

Nel 2017 uno studio ha rivelato che più di mezzo milione di studenti tra i 13 e i 18 anni mostrano gravi sintomi associati alla depressione; solo tra il 2010 e il 2015 la depressione e i sintomi ad essa collegati sono cresciuti del 33%. Il tasso di suicidio tra le ragazze comprese in questa fascia d'età, osservate nello stesso lasso temporale, è aumentato fino al 65%.

L'Università dell'Arizona ha pubblicato uno studio secondo cui il rischio di sviluppare problemi di salute fisica e mentale risulterebbe maggiore tra coloro che riscontrano difficoltà o problematiche nelle situazioni sociali; secondo lo studio la mancanza di abilità sociali aumenterebbe lo stress e i sentimenti di solitudine, provocando un impatto negativo sulla salute e sullo stato d'animo dell'individuo. I ricercatori hanno confermato in questo studio la nozione ormai da tempo comune secondo cui depressione e ansia vadano di pari passo con scarse abilità sociali e comunicative.

Sviluppare le abilità sociali fondamentali non rappresenta più semplicemente un'opzione, ma una necessità. Per entrare a far parte di molti gruppi sociali questa abilità è fondamentale e, nonostante la dipendenza provocata dai dispositivi digitali e dal mondo dei social media, è comunque necessario appartenere a un gruppo al fine di ridurre solitudine e isolamento; avere successo nelle abilità sociali può sicuramente giocare a tuo vantaggio e renderti in grado di:

Costruire una rete di supporto di persone di cui ti puoi fidare e con cui puoi parlare nei momenti difficili.

Instaurare relazioni significative e durature.

Relazionarti facilmente con persone provenienti da contesti culturali e percorsi di vita diversi.

Integrarti facilmente in qualsiasi ambiente sociale.

Migliorare la tua empatia e la comprensione verso gli altri.

Sviluppare nel tempo ottime capacità di comunicazione senza nemmeno rendertene conto.

Esprimere i tuoi pensieri, le idee e le opinioni facendoti facilmente capire dagli altri.

Empatizzare al meglio con il prossimo.

Aprire la mente pe vedere le cose da punti di vista diversi.

Migliorare il tuo benessere mentale ed emotivo. Sentirsi accettati da un gruppo e avere quel senso di appartenenza può donare sentimenti di forte felicità.

Dal punto di vista professionale le abilità sociali possono portare i seguenti vantaggi:

Migliorare la tua reputazione e la tua posizione lavorativa: se riesci a intrattenere una conversazione scorrevole, mantieni alta l'attenzione dei tuoi interlocutori e li ascolti attivamente a tua volta, i tuoi colleghi, i clienti e i supervisori lo noteranno.

Avere successo negli affari: conversare piacevolmente e saper andare d'accordo con i tuoi clienti può giocare a tuo favore e renderti più convincente.

Mantenere relazioni positive e amichevoli con i tuoi colleghi: passerai la maggior parte della tua giornata a lavorare insieme a loro e se non hai a disposizione le giuste capacità comunicative può essere difficile stabilire e consolidare relazioni produttive. Queste capacità stimolano una forte presenza sociale, e nel mondo del lavoro, in cui le relazioni e il networking contano, essere in grado di socializzare è una risorsa inestimabile.

Saper formare squadre produttive e coese che incentivino la diversità culturale: oggi il lavoro dà vita a un mix di culture e lingue diverse, quindi per creare un ambiente lavorativo di integrazione e armonia è indispensabile avere a disposizione buone abilità sociali.

Diventare Consapevoli di Se Stessi

Diventa più consapevole di te stesso. Può sembrare più facile ignorare ciò che ti suggerisce la tua mente, ma lavorando per superare questa tendenza all'oblio i tuoi pensieri potranno rivelarti davvero perché sei così critico con te stesso: la paura del fallimento di solito va a braccetto con un critico interiore molto severo. Scoprire cosa c'è dietro ti permetterà di riprendere in mano la situazione: riconosci perché sei come sei e lavora per accettarlo come un dato di fatto. Non c'è bisogno che ti sforzi tanto per trasformarti nella persona che pensi che gli altri vorrebbero, impara piuttosto ad accettare il tuo modo di essere così com'è e pensa alle cose che più apprezzi o ami di te stesso.

Gestire le Proprie Emozioni

Capita spesso di non sopportare alcuni aspetti di una persona, vale a dire i suoi comportamenti sbagliati. Nella vita di tutti i giorni capita di sentirsi di cattivo umore o di comportarsi male e questo avviene soprattutto se si subisce un torto o si affrontano eventi o esperienze inaspettate; tali situazioni spingono chi le subisce a manifestare emozioni negative.

Queste però sono dannose per le persone attorno a noi: una donna ad esempio può soffrire per la rabbia e gli insulti del marito; questi comportamenti negativi costituiscono i vizi della nostra società e provocano effetti dannosi che possono degenerare in omicidi, violenze domestiche e molte altre azioni illecite. Spetta quindi a noi controllare le nostre emozioni sbagliate, in modo da non trovarci dalla parte del torto; quindi per imparare a gestirle ti invitiamo ad analizzarne le cause di seguito elencate.

Tra le principali cause si individua il contesto sociale di provenienza e gli insegnamenti: un'ampia percentuale del proprio modo di pensare è influenzata dai genitori o dalla società nel suo insieme; è possibile ereditare alcune cattive abitudini anche da un tutore. Si dice "tale padre tale figlio", quindi se il tuo mentore assume atteggiamenti sgradevoli potresti ereditare quelle emozioni; altre volte è semplicemente l'influenza della società a rendere una persona quella che è.

Subire eventi e situazioni traumatiche può far nascere emozioni negative: se una determinata persona ti ha fatto del male in passato potresti provare una rabbia perpetua nei suoi confronti; inoltre vivere un episodio doloroso lascia un marchio, continuamente alimentato da sentimenti terribili.

43

Questo può portare ad incolpare gli altri per le proprie disgrazie e a essere pessimisti per quanto riguarda alcune tematiche.

Paragonarsi con gli altri fa arrabbiare, specialmente se un collega è migliore di noi in qualcosa, ma è necessario comprendere che ogni persona possiede qualità diverse e che non è possibile fare il confronto con gli altri: facendolo si finirà per sottovalutare le proprie capacità e pensare che invece gli altri siano perfetti. Tutto questo influisce negativamente sull'autostima: pensate a come si comportano le persone con una bassa autostima a causa della loro rabbia, dell'invidia, del rancore, della paura e dell'odio.

Mettere i propri desideri davanti a quelli degli altri provoca un'attitudine negativa. In questo caso sentirai di dover competere con i tuoi colleghi e adotterai un atteggiamento di gelosia di fronte ai loro successi; sarai bramoso e vorrai tutto a tua disposizione, proverai rabbia se gli altri non ti tratteranno come vorresti; ti mostrerai infine superbo per ottenere il riconoscimento degli altri.

Per prima cosa identifica l'emozione negativa che stai provando: magari gli altri dicono che sei avido, intemperante e superbo. In alcuni casi solo i tuoi colleghi possono farti notare i tuoi atteggiamenti: non avere paura di chiedere anche ai tuoi amici più stretti cosa non sopportano di te; forse credi che vada tutto bene, ma al contrario ti stai comportando in modo sgradevole. Rifletti su un episodio in cui hai creato problemi e su quali responsabilità hai avuto all'interno di uno scontro: una volta riconosciuti i tuoi atteggiamenti sbagliati potrai pensare a come modificarli.

Pensa inoltre agli effetti provocati da queste emozioni, ad esempio quella volta in cui eri così infuriato che hai aggredito qualcuno determinando la fine della vostra relazione; oppure quella volta in cui hai perso i tuoi migliori amici perché hai preferito concentrarti orgogliosamente sui tuoi interessi piuttosto che sui loro. Quando ti renderai conto delle terribili conseguenze di quel comportamento sulla tua vita farai di tutto per cambiare. Prova sempre a riconciliarti con il collega a cui hai fatto un torto e domandagli come si aspetta che ti comporti la prossima volta.

Cerca di comprendere quale sia la radice di quell'atteggiamento o di quell'indole sprezzante: non si può combattere qualcosa di cui non si conosce l'origine. È sempre giusto riflettere con spirito critico sulla causa di una cattiva abitudine e magari rendersi conto di motivazioni che non avresti mai immaginato; poniamo l'esempio di una persona arrogante che sa di essere il miglior nuotatore: non c'è proprio niente di male nell'essere il più bravo, tuttavia sopravvalutare il proprio successo è sbagliato; se ti capita resta calmo e accetta volentieri le sfide.

Leggere, così come condividere i propri risentimenti con qualcuno, aiuta a gestire situazioni particolarmente difficili: magari pensi di essere l'unico ad avere un disturbo della personalità, ma non sei solo. Assicurati di chiedere agli altri come hanno cambiato i loro comportamenti sbagliati, ti stupirà scoprire che qualcuno sta vivendo un'esperienza ancora più dura della tua. Leggi riviste o naviga su internet per capire come affrontare una situazione del genere, permetti ai tuoi amici o parenti più stretti di correggerti quando sbagli: così facendo riceverai consigli preziosi per gestire le tue emozioni.

Migliorare i tuoi sentimenti è un altro modo per mitigare gli atteggiamenti ingiustificati: non devi cercare di eliminare la tua angoscia, ma provare a migliorare le emozioni malate che questa provoca. Per esempio, è normale avere paure e ansie, ma è sempre possibile gestirle: se sei timido e non riesci a parlare in pubblico, esercitati a parlare di fronte a un piccolo gruppo e con il tempo diventerai più bravo; rivolgiti infine ai tuoi amici o a uno psicologo che possono indicarti come migliorare il tuo comportamento.

Impara a controllare i tuoi atteggiamenti: quando avrai riconosciuto il tuo umore e le sue conseguenze, sarà il momento giusto per imparare a controllarlo. Se sei irascibile, impara a rilassarti nonostante la situazione; se possibile stabilisci delle tecniche di controllo e scrivile. Puoi anche chiedere a una persona di avvisarti quando si accorge che stai provando quell'emozione e con il tempo imparerai a controllarti e saprai gestire la situazione non appena sentirai che stai per assumere quell'atteggiamento; diventerà un'abitudine e passo dopo passo riuscirai a superarlo.

Circondati delle persone giuste: se frequenti persone che provano emozioni negative sarà difficile cambiare; al contrario frequentando un mentore o persone emotivamente intelligenti assorbirai il loro carattere e presto porrai fine a quell'atteggiamento indesiderato. Socializzando con questo tipo di persone potrai chiedere il loro parere su ogni azione che fai e se ti daranno la loro approvazione vorrà dire che sei sulla giusta via.

Gestisci lo Stress

Gestisci i tuoi livelli di stress: se pensi di poter affrontare positivamente una situazione senza tenere sotto controllo lo stress, sappi che il disastro è assicurato. Lo stress infatti può compromettere seriamente la tua capacità di fare conversazione e di comunicare efficacemente; vivendo uno stato di stress aumentano le possibilità di fraintendere e mal interpretare i segnali degli altri e viceversa: in effetti le emozioni sono pericolosamente contagiose e il modo in cui ti comporti e agisci può influenzare negativamente le persone che ti circondano.

Quando sei arrabbiato corri il rischio di far innervosire gli altri; condizionate dalla rabbia, le tue parole e azioni potrebbero a loro volta irritare gli altri; la cosa migliore da fare in questo caso, se ti senti sopraffatto dallo stress, è prendersi una pausa: allontanati dalla situazione o dalla conversazione stressante e torna indietro solo quando sarai pronto e avrai recuperato il tuo autocontrollo.

Comunicare in Modo Efficace

Sono certo che molti di voi sappiano cosa significa avere difficoltà a comunicare e farsi capire chiaramente: non a caso la chiamiamo "abilità". Se fosse facile saremmo tutti esperti in comunicazione e socialità, invece le problematiche nel trasmettere un messaggio in modo chiaro possono rivelarsi una vera sfida, soprattutto quando questa abilità è necessaria per lanciare un nuovo progetto di lavoro, fare accordi in esclusiva con un nuovo cliente o anche ottenere tramite un colloquio il lavoro che hai adocchiato.

La capacità di comunicare in modo efficace, come tutte le abilità sociali, deve essere perfezionata attraverso la pratica; oltre alle consuete interazioni sociali, un altro ambito della tua vita in cui le abilità sociali e una comunicazione efficace sono essenziali è il lavoro. Infatti all'interno di un ambiente professionale può succedere di tutto: tra persone che corrono avanti e indietro cercando di portare a termine i propri compiti, rispettare le scadenze, partecipare alle riunioni, cercare di collaborare, delegare i compiti e fare in modo che tutto venga fatto in tempo prima della fine della giornata, a volte il lavoro diventa frenetico. Spesso le dinamiche di un ambiente simile rendono la comunicazione estremamente complicata e diventa difficile elaborare messaggi semplici e concisi.

A volte in pochi preziosi minuti devi riuscire a far capire il tuo punto di vista e allo stesso tempo mantenere viva l'attenzione quanto basta per lasciare il segno; nessuno ha tempo da perdere né è disposto a sprecare troppo tempo a decifrare quello che stai cercando di dire, perciò in un mondo così pieno di distrazioni, rumori e caos mantenere la conversazione il più semplice possibile è spesso l'approccio più efficace da adottare.

I due ostacoli più grandi da superare per riuscire a comunicare in modo efficace sono: prima di tutto fare in modo che il messaggio sia breve e conciso per evitare margini di errore; secondo poi superare l'ansia sociale. Mettiamoci al lavoro per affrontare il primo ostacolo.

Il dono della sintesi

È il metodo migliore per mantenere alta l'attenzione del pubblico abbastanza a lungo da risultare convincenti; farsi comprendere è necessario affinché l'interazione sociale abbia successo, soprattutto se si svolge una funzione dirigenziale. Un leader infatti deve saper semplificare i propri messaggi per assicurarsi di essere compreso da gran parte, o ancora meglio, da tutti i suoi interlocutori.

Un leader non può essere considerato tale se è impossibile comprendere quello che dice o i compiti che vuole assegnare; viviamo in un mondo frenetico e al giorno d'oggi c'è sempre meno tempo a disposizione, quindi in quei pochi minuti preziosi bisogna riuscire a fare una buona impressione sociale e sfruttare quel poco tempo per comunicare faccia a faccia in una pausa tra un compito e l'altro. Usa un linguaggio semplice, trasmetti messaggi concisi e vai dritto al punto. Ecco alcune tecniche per non perdere la semplicità:

Sii chiaro: parla ad un ritmo moderato e scandisci bene le parole. Evita di correre o rischierai di mangiarti le parole e gli ascoltatori avranno difficoltà a capire cosa stai dicendo; non usare espressioni gergali, non tutti capirebbero quei termini. Tieni a mente questi consigli soprattutto quando vuoi concludere un accordo con un cliente: la chiarezza del messaggio influenza spesso le decisioni ed è il miglior strumento di persuasione che abbiate a disposizione.

Comunica da pari a pari: rivolgiti agli altri come se fossero tuoi pari, non parlare come se l'interlocutore fosse un tuo sottoposto né come se fosse un tuo superiore; cerca piuttosto di esprimerti come se parlassi con un tuo pari. Prima di iniziare il discorso analizza le caratteristiche del pubblico: quale linguaggio sarebbe più efficace per loro? Cosa potrebbe attirare la loro attenzione e farli sentire più coinvolti?

Vai dritto al punto: se hai poco tempo a disposizione non tirarla per le lunghe, tutti i grandi comunicatori possiedono un'abilità fondamentale, ovvero saper riconoscere quanto sia importante arrivare rapidamente al punto. Anche se hai molte cose da dire riducile all'essenziale e vai dritto al punto, manterrai alta l'attenzione del pubblico che recepirà con successo il messaggio. Il segreto per essere concisi è imparare a riassumere i punti principali e poi attenersi solo a quelli.

Repetita iuvant: riprendi più volte i punti principali del tuo discorso per sottolineare il messaggio e renderlo incisivo. Non tutti elaborano le informazioni allo stesso modo, alcune persone potrebbero aver bisogno che tu ripeta il concetto diverse volte prima di capirlo davvero; essere concisi aiuta anche in questo.

Usa meno parole: per avere tempo di ripetere usa semplicemente meno parole, poche ma buone. Parlando di meno finirai più velocemente e lascerai più spazio al tuo destinatario per fare tutte le domande di cui ha bisogno e chiarire alcuni punti. Scrivere prima il discorso può essere d'aiuto: annotandolo potrai analizzare la struttura delle frasi e sottolineare quelle che ti sembrano troppo lunghe. Posso dirlo usando meno parole? O parafrasare per usare 3 parole piuttosto che 5?

Far Funzionare una Relazione

Una storia d'amore duratura non si costruisce da un giorno all'altro, è una strada lunga, un percorso lento e costante. Ciò che realmente determina se una coppia sia destinata o meno a durare è una buona comunicazione e il modo in cui affronta gli ostacoli e i duri colpi a cui la relazione viene sottoposta.

Le coppie che sanno che avere una relazione felice e sana è possibile si rendono anche conto che la qualità del dialogo è la chiave per fortificare il proprio legame e la complicità.

Il segreto per un matrimonio duraturo è usare diverse abilità di comunicazione per capirsi davvero e non smettere mai di farlo finché si rimane insieme.

La comunicazione è un elemento essenziale in una relazione di successo perché non si possono ignorare i problemi come a volte proviamo a fare con le emozioni negative, non puoi sperare che vadano via o far finta che non esistano. Non comunicare e non affrontare i problemi tipici di una relazione sarà un disastro assicurato e presto farà crollare a pezzi la relazione; più a lungo ignori i problemi, più difficile sarà risolverli. Nel caso in cui ad esempio il tuo partner voglia parlare e affrontare questi problemi ma tu ti rifiuti di farlo, a lungo andare potresti provocare molta frustrazione, tensione e risentimento.

Abituati a una Sana Comunicazione

Le coppie felici non ottengono tutto per magia, si impegnano duramente perché la loro relazione possa funzionare e lo fanno costruendo sane abitudini che contribuiscono a migliorare la comunicazione. Ecco alcuni esempi:

Esprimi apprezzamento: è fondamentale anche nelle piccole cose e soprattutto per le cose che spesso diamo per scontate; le coppie felici

51

esprimono costantemente il loro apprezzamento e la loro gratitudine verso l'altro. Se il tuo partner o coniuge ti prepara una tazza di caffè al mattino senza che tu gliel'abbia chiesto, ringrazialo; se ti tiene la porta aperta, ringrazialo. Non c'è bisogno di grandi gesti per dimostrare il proprio apprezzamento: un bigliettino di ringraziamento o qualche messaggio al giorno possono fare la differenza.

Non dare nulla per scontato: le coppie felici chiedono quello che desiderano, esprimono i propri bisogni o le proprie necessità e ogni coppia dovrebbe adottare questa sana abitudine alla comunicazione. Invece di dare per scontato che il tuo partner colga i piccoli segnali o sappia leggere nella tua mente e anticipare i tuoi pensieri, evita la frustrazione del non detto e chiedi. Dare le cose per scontate rovina la comunicazione e degenera in litigate assolutamente evitabili. Se vuoi che il tuo partner faccia qualcosa non avere paura, chiediglielo e basta.

Collaborazione: le faccende domestiche dovrebbero essere una responsabilità di entrambi quando si vive insieme, al fine di non far gravare su una persona sola il peso di occuparsi della casa. Dividere le responsabilità rafforza il lavoro di squadra e crea un senso di felicità dovuto alla consapevolezza di poter contare sul partner nella divisione dei compiti. Fate a rotazione le faccende, in modo che ci sia un senso di equità ed equilibrio e che uno dei due non si ritrovi a fare sempre le stesse cose.

Linguaggio positivo: le coppie felici sanno comunicare, specialmente nei momenti della relazione in cui uno o entrambi attraversano un momento difficile. Imparare a parlare dei problemi è molto più facile se sia tu che il tuo partner usate un linguaggio totalmente positivo durante la conversazione; in questo modo si riduce la possibilità che le cose degenerino e che sfuggano di mano. Frasi come; "Ti capisco e la tua opinione conta per me" o "So quanto sia difficile parlarne, ma sono qui per sostenerti e possiamo farcela insieme", sono esempi di un ottimo linguaggio positivo che può essere usato per controllare la conversazione e farla andare nel verso giusto.

Niente giudizi: ogni volta che giudichi il tuo partner lo fai sentire in imbarazzo, insicuro, forse anche ansioso e teso. L'altra persona sentendosi rifiutata cerca di proteggersi e si chiude, non sentendosi abbastanza sicura da aprirsi liberamente ed essere se stessa. Il giudizio rovina l'intimità, quindi se sai che non ti comporteresti mai così con altre persone, non farlo nemmeno con il tuo partner.

Il Pensiero Creativo

Piuttosto che parlare e condividere le proprie emozioni con gli altri, la maggior parte delle persone che vive turbamenti interiori opta per la creatività in qualsiasi sua forma: dipingere un quadro, lavorare un oggetto a mano, scrivere una bella poesia e così via. Tutte queste attività creative aiutano le persone con uno stato mentale tormentato a sentirsi meglio e a rilassarsi, proprio come in una catarsi.

Il Pensiero Critico

L'ascolto attivo aiuta a comprendere realmente ciò che l'interlocutore sta comunicando; non c'è sempre una risposta a tutto ciò che dice l'altra persona, ma l'ascolto attivo impegna il tuo cervello in modo diverso. Non saltare a conclusioni affrettate e non sentirti obbligato ad essere d'accordo con le opinioni degli altri, cerca semplicemente di comprendere quanto detto. Presta attenzione alle parole utilizzate e alla comunicazione non verbale: osserva la posizione, gli occhi e l'espressione dell'altro e sfrutta questi indizi per capire cosa pensa davvero. Quando si affronta un discorso particolarmente delicato, le parole di per sé potrebbero non riflettere pienamente i sentimenti.

Pensa a quanto volte, pur sapendo che un amico sta passando un momento difficile, lui ti dice che va tutto bene: le parole che sceglie potrebbero riflettere questo stato d'animo, ma potreste notare che ha gli occhi pieni di lacrime ed è sfuggente a causa del peso di ciò che sta vivendo; un ascoltatore attivo riuscirà ad essere presente per il suo amico quando vorrà il suo sostegno. Prestando veramente attenzione ai segnali che ricevi, sarà sufficiente promettere di stargli vicino per cambiare la sua giornata; al contrario in una situazione di ascolto passivo potresti non cogliere i segnali e continuare come se niente fosse, portando il tuo amico a pensare che non ti interessi.

Di fronte a un problema da risolvere un ascoltatore attivo troverà il modo di intervenire e proporre una soluzione; infatti prestando attenzione ai dettagli che emergono dalla conversazione sarà facile trovare spunti per risolvere il problema. Molte persone credono erroneamente di non saper parlare con gli altri, ma in realtà basterebbe migliorare l'ascolto per rendersi conto che gli argomenti di conversazione si susseguono con più facilità: ascoltando attivamente saprai già quali idee prendere in considerazione. Inoltre essere così partecipe nella conversazione può accrescere notevolmente la tua fiducia in te stesso perché essendone parte attiva ti sentirai più a tuo agio con le tue abilità di ascolto e comunicazione.

L'ascolto attivo ha inoltre benefici sulla salute mentale: tenere il cervello totalmente impegnato nella conversazione in atto aiuta ad allenare le proprie capacità di pensiero critico ed empatico; questo non accade con l'ascolto passivo che risponde a criteri ben diversi. Rimanendo consapevole e reattivo nella conversazione vivrai un'esperienza estremamente coinvolgente che ti farà crescere come persona.

La prossima volta che parlerai con qualcuno assicurati di mettere in gioco le tue capacità di ascolto: scoprirai che immedesimarsi con gli altri è molto più facile e saprai esattamente cosa dire. Inoltre ascoltando punti di vista diversi avrai modo di riflettere su pensieri e idee nuove, scoprendo nuovi spunti da approfondire in futuro. I benefici di cui godrai grazie all'ascolto attivo sono innumerevoli, quindi se ti sei reso conto che solitamente ascolti gli altri in modo passivo ricordati che sei sempre in tempo per migliorare.

Quando una persona sta parlando immergiti nella conversazione pensando che possa insegnarti qualcosa di prezioso, ascolta attentamente ciò che ti dice senza pregiudizi e senza scendere a conclusioni affrettate. Permettigli di esprimere a pieno la propria opinione prima di dire la tua e, se vuoi aiutarlo a trovare una soluzione, tieni a mente le parole che hai ascoltato e tutti i segnali non verbali per trovare una risposta empatica e comprensiva. Una volta capito questo, l'ascolto attivo diventerà una consuetudine.

Prendere Decisioni

Non essere troppo duro con te stesso di fronte alle cose negative e riconosci il tuo valore di fronte a quelle positive; usa questo metodo per prendere le decisioni grandi e quelle piccole, fingi di dover dare un consiglio a una persona cara: cosa diresti a una persona che ami in un momento di stress? Di' a te stesso le stesse parole e impara ad amarti.

Ricorda che sei quello che sei e sei meraviglioso. Quando ignoriamo i nostri sogni e i nostri desideri iniziamo a pensare di non valere niente; provochiamo in noi stessi un dolore inconsapevole ogniqualvolta ci dimentichiamo chi vogliamo essere davvero o proviamo ad adattarci all'idea di perfezione di qualcun altro. Tu sei unico, non ha senso voler essere qualcun altro, cerca solo di essere la versione migliore di te stesso. Rimanere fedeli a se stessi è un potere enorme e aiuta a migliorare notevolmente la propria relazione con sé.

Non colpevolizzarti se stai male: molte persone reprimono le proprie emozioni o fanno finta di non provare nulla per evitare di offendere gli altri o di ferire i loro sentimenti; ma perché i sentimenti degli altri dovrebbero essere più importanti dei tuoi? Perché dovresti mandare giù la tua rabbia o il tuo dolore solo per fare in modo che qualcun altro non provi la stessa rabbia o lo stesso dolore? Non ti sto suggerendo di gettare intenzionalmente la tua rabbia o la tua tristezza addosso agli altri solo per stare meglio. Il segreto è essere onesti con se stessi e con le proprie sensazioni; ricorda che ognuno è responsabile delle proprie emozioni e dei propri sentimenti, quindi se dici a qualcuno che sei arrabbiato e lui si arrabbia, non sei tu ad avere un problema; non sentirti responsabile della reazione degli altri di fronte alle tue emozioni e non cercare mai di mettere a tacere i tuoi sentimenti. Tutti proviamo rabbia, dolore e tristezza, le emozioni sono normali, quindi abbracciale perché sono parte di te: sentile profondamente, crogiolati pure finché ne hai voglia, vedrai che svaniranno presto se non le riempirai di negatività facendole esplodere dentro di te.

Ripeti a te stesso quanto sei meraviglioso e quanto sei felice di essere te. Ti sembrerà sciocco all'inizio, ma è davvero importante imparare ad essere grati a se stessi, perciò rifletti sulle cose belle che hai da offrire: quando ci focalizziamo su un pensiero gli dedichiamo automaticamente tutte le nostre energie; quindi se ci concentriamo sulle cose che ci piacciono di noi stessi sfruttiamo le nostre energie per migliorarci. Ricorda comunque di dedicare il tuo tempo a lavorare sul tuo "io" interno piuttosto che sul tuo "io" esterno: la tua apparenza esteriore non è altro che il contenitore della tua anima; ama il tuo corpo e metti su un piedistallo la tua mente e la tua anima.

Non dimenticare che sei umano, siamo tutti umani su questa Terra e non saremo mai perfetti, nessuno di noi. Dovremmo impegnarci ad essere la versione migliore di noi stessi, senza pretendere nulla di più; abbiamo dei difetti, facciamo degli errori e non dovremmo mai essere più duri con noi stessi di quanto lo siamo con gli altri. Se riesci a perdonare agli altri i loro difetti, ricordati di farlo anche con te stesso. Tutti abbiamo le nostre piccole insicurezze e tutti ci sentiamo vulnerabili ogni tanto, fa parte dell'essere umano, perciò accettalo, accoglilo e fanne tesoro.

Risolvere i Problemi

Per molte persone è difficile o addirittura impensabile sfogare i propri sentimenti e le proprie emozioni con gli altri. La sicurezza di sé è un sentimento e all'inizio del tuo percorso per guadagnare carisma potrebbe essere tanto facile perderla come guadagnarla; di nuovo, non vergognartene: la vergogna è un'emozione inutile e non fa altro che limitarti. Cercare aiuto dimostra e prova concretamente che sei una persona forte che sa quando ha bisogno di chiedere aiuto: le persone forti risolvono i problemi, quelle deboli li ignorano a causa del loro ego e del loro orgoglio.

Quando senti che stai perdendo sicurezza, rivolgiti a un amico fidato e chiedigli aiuto: gli studi dimostrano infatti che le persone che ricevono supporto da amici o colleghi godono di effetti curativi a lungo termine e questo affetto rafforza a sua volta la loro sicurezza. Allo stesso modo quando i tuoi amici avranno bisogno di aiuto per fortificare la propria fiducia in se stessi, potrai essere la loro ancora di salvezza.

Gestire le Abilità Sociali

Il Valore delle Abilità Sociali nella Vita Quotidiana

Possedere buone abilità sociali ti permette di mostrare il meglio di te al prossimo, donandoti la sicurezza necessaria per avere successo in tutte le situazioni e la capacità di relazionarti con le persone che vuoi al tuo fianco. Saprai identificare i tuoi punti di forza, portare avanti facilmente una conversazione, e grazie alle tue abilità sociali potrai costruire relazioni più profonde. A prescindere da chi sia il tuo interlocutore, comunicare, socializzare e in generale conoscere nuove persone aiuta a rafforzare la propria fiducia in se stessi; coltivare questi rapporti ti farà sentire sicuro di te e della tua relazione con il prossimo.

La socializzazione è una cosa profonda ed essenziale, ma per qualcuno può rivelarsi complicata. Spesso trovare il coraggio di parlare con un'altra persona può fare paura, soprattutto a una persona insicura; in molti riscontrano problemi a sviluppare le abilità sociali e farebbero di tutto per avere quelle capacità che per alcuni sono così naturali. Attraverso la pratica, le tecniche proposte all'interno di questa guida ti daranno le basi per sentirti sicuro e a tuo agio socializzando in qualsiasi contesto. Lavorando sul linguaggio del corpo e capendo come parlare con le persone nuove, guadagnerai un rinnovato senso di fiducia in te stesso.

Per iniziare imparerai a conoscere le abilità che già possiedi e sfruttando i tuoi punti di forza sarà più facile superare le tue debolezze. Non vergognarti dei tuoi punti deboli, impara piuttosto a trasformarli nei tuoi punti di forza nel rapporto con gli altri. Se la timidezza è un peso nella tua vita puoi combatterla per sentirti a tuo agio e allo stesso tempo apparire più estroverso; migliorando la tua autostima diventerai più carismatico e ti sentirai all'altezza di gestire qualsiasi interazione sociale.

Tra le abilità sociali più difficili da acquisire c'è sicuramente la capacità di socializzare con le persone sconosciute: sono appena entrate nella tua vita e non puoi contare su quella sensazione di intimità e confidenza, ma imparando a intraprendere una conversazione con sicurezza e a trovare punti comuni con gli altri, costruire legami con persone nuove diventerà semplice. Anche se all'inizio può sembrare un'impresa, con l'esperienza socializzare diventerà un gioco da ragazzi.

Anche coltivare le tue relazioni è essenziale, quindi dopo aver conosciuto qualcuno assicurati di approfondire la conoscenza cercando di interagire con lui. In questa guida scoprirai come farlo grazie a una serie di consigli e trucchetti che potrai utilizzare in diversi contesti sociali; una volta adottate queste nuove abitudini riuscirai a parlare con chiunque, ovunque ti trovi e i dubbi e le preoccupazioni sociali non saranno più un ostacolo. Le nuove abilità acquisite faranno parte di te per tutta la vita, come un costante promemoria che anche per te è possibile avere successo nelle relazioni.

Come Ottenere Nuove Abilità Sociali

A volte iniziare un percorso per migliorare le proprie abilità sociali non è semplice e può risultare persino scoraggiante. Non c'è bisogno di buttarsi a capofitto o di affrontare da subito qualcosa di esageratamente complicato: inizia a fortificare il tuo carisma provando alcune tecniche e trucchetti che ti proponiamo:

Usa la musica per risollevarti il morale: se sei nervoso prima di un incontro sociale usa la musica classica, il jazz o anche il rock classico più rilassante per calmare la tua ansia e stabilizzarti su uno stato d'animo calmo, equilibrato e positivo; se non trovi l'entusiasmo necessario, metti su dei brani che ti facciano emozionare e guidino i tuoi pensieri in una direzione più positiva; se ti senti giù di morale, usa una musica d'ispirazione per ricordarti che puoi fare qualsiasi cosa tu voglia. Riproduci la tua playlist preferita per passare dalla modalità "eremita" a quella "anima della festa".

Di tanto in tanto esci dalla tua zona di comfort provando qualcosa di nuovo: il volontariato è un modo fantastico per migliorare le tue abilità sociali, imparare nuove cose e mettere in pratica ciò che hai appreso in un ambiente privo di pressioni; ti sentirai inoltre soddisfatto nel fare qualcosa di buono per il prossimo. Iscriviti a quel corso che hai sempre voluto fare e durante le lezioni cogli sempre l'occasione per parlare con gli altri. Vai agli eventi organizzati dalla biblioteca della tua città, potrebbe essere un'altra opportunità per socializzare senza pressioni.

Allenati a prendere l'iniziativa facendo dei piani e rispettandoli: rispettare i piani fortifica l'autostima perché ci insegna che possiamo contare su noi stessi; migliora inoltre la propria sicurezza perché portare a termine le cose scaccia via la paura. Comincia a pensare che se dici di voler fare una cosa, la farai. Il tuo carisma ti ringrazierà.

Prova a fare meditazione: aiutati con gli esercizi di meditazione guidata in cui una persona ti conduce vocalmente passo dopo passo; qualche minuto al giorno ti aiuterà a coltivare un luogo di calma interiore. Prendendo familiarità con la meditazione scoprirai che puoi raggiungere quel luogo calmo in un batter d'occhio, essenziale quando ti trovi in situazioni sociali inaspettate e imbarazzanti.

Fai un po' di esercizio fisico: anche camminare a un ritmo confortevole per 20 minuti ogni giorno può aiutare a bilanciare lo stato d'animo della tua mente. Il tuo corpo ha bisogno delle sostanze chimiche che ti fanno sentire bene per funzionare correttamente e lo stesso vale per il tuo cervello. Un afflusso costante di ormoni della felicità può allontanare ansia e paura nei contesti sociali; comincerai inoltre a sentirti più a tuo agio con il tuo corpo con effetti benefici sul tuo linguaggio non verbale, che ti faranno sembrare subito più carismatico.

Poniti l'obiettivo di superare una paura: so che è difficile, ma ne vale la pena; pensa a quanto ti sei sentito bene l'ultima volta che hai ottenuto qualcosa; superare una paura ti insegnerà che hai tutto ciò che serve per affrontare le sfide e vincere ogni ostacolo. La tua coscienza e il subconscio ricorderanno questa lezione per il resto della tua vita; proverai inoltre empatia verso le persone che hanno affrontato le loro paure o che stanno ancora lottando per farlo. È un compito difficile ma non te ne pentirai.

Trova la tua creatività interiore: la mente non ama rimanere inattiva e a volte invece di nutrire il cervello con i media, le notizie e le opinioni delle altre persone è necessario dare vita a qualcosa che parli di noi. Creare è un esercizio utile per concentrare le capacità della tua mente verso un unico obiettivo; non serve che sia un pezzo da galleria d'arte o che possa navigare attraverso l'Atlantico. Prenditi un po' di tempo per te stesso e lavora a qualcosa di creativo con il solo scopo di stimolare la tua fiducia in te stesso e il tuo bambino interiore.

Riorganizza il tuo ambiente. Guarda il posto in cui vivi: è buio e disordinato? Un posto dove torni solo per crollare dopo una lunga giornata? Allora prenditi un fine settimana e trasforma quel posto in un luogo che possa essere d'ispirazione. Come sarebbe la casa di una persona felice e di successo? Fai entrare la luce, metti a posto, crea uno spazio per fare allenamento o meditazione: questo luogo è il tuo santuario, dove torni a casa per rigenerarti. Comportati come se avessi già raggiunto il successo e presto lo raggiungerai.

Usa la pratica della visualizzazione ogni giorno: prima di una riunione, un colloquio, un evento sociale, un appuntamento; qualunque sia l'occasione visualizzala e immagina di ottenere risultati positivi. I ballerini professionisti devono visualizzare nella propria mente i passi che dovranno imparare prima di poter abituare il proprio corpo a padroneggiarli. È una caratteristica importante delle persone di successo: impara a visualizzare il risultato migliore e le probabilità di ottenere grandi successi aumenteranno.

Esercitati a muovere il tuo corpo con sicurezza: anche quando sei solo e non hai bisogno di stare "su", fallo comunque! La memoria muscolare è uno strumento fantastico ed essenziale per cambiare il linguaggio del corpo. Concentrati sempre sulla tua postura e allenati a sviluppare un portamento rilassato e sicuro.

"Ora" è il momento più importante: va benissimo guardare al passato e richiamare ricordi positivi ed è importante immaginare un futuro felice, ma spesso ci si può perdere andando avanti e indietro dal passato al futuro e ignorando completamente il presente. Vivere nel presente ti costringe ad essere ora al tuo meglio ed essere consapevole di ciò che accade sul momento può migliorare notevolmente il proprio equilibrio, la propria sicurezza e il proprio carisma.

Concentra la tua attenzione verso l'esterno: quando sei in mezzo ad altre persone concentrati su di loro; andrà a tuo favore quando, a loro volta, si concentreranno su di te. L'introspezione in mezzo a una folla crea imbarazzo, così come qualsiasi emozione negativa che tieni nascosta nel profondo. Non immergerti nella tua testa e concentrati sul resto del mondo: c'è molto da vedere e se lo farai saprai interagire, imparare e crescere.

Circondati di persone positive: impara a scegliere con chi passare il tuo tempo, la positività è contagiosa ma lo è anche la negatività. Stringere legami con persone che hanno una visione positiva insegna per osmosi a guardare la vita con ottimismo.

Controlla il News Feed dei social media che usi quotidianamente: impara ad evitare la negatività e le cattive notizie, che quando in eccesso possono logorarci come l'inquinamento o le emozioni negative. È importante sapere cosa succede nel mondo, ma la mente umana è così malleabile, così impressionabile, che si rischia di scatenare ansia o depressione se ci si espone troppo alle notizie negative.

Resisti all'impulso di paragonarti ad altre persone: tu sei tu, e non c'è nessun altro come te. Paragonati solo a te stesso. Chi eri un anno, cinque anni, dieci anni fa e in cosa sei cresciuto? In cosa sei migliorato e su cosa puoi ancora lavorare? Che obiettivi, grandi o piccoli, hai raggiunto e cosa puoi fare per riconoscerti i tuoi meriti?

Come Migliorare Le Proprie Abilità Sociali

Ecco alcuni trucchetti ed esercizi utili che puoi provare nel tempo libero per raggiungere i tuoi obiettivi e guadagnare carisma.

Cambiare radicalmente il proprio atteggiamento (da negativo a positivo, da insicuro a sicuro di sé, da bramoso a grato, da assente a concentrato sul presente) richiede tempo e una buona dose di determinazione ed energia. Per questo gli esercizi possono aiutarti a mettere a punto e affinare le tue abilità per poter brillare quando ne hai più bisogno.

1. Gli Esercizi per Stabilire Nuove Relazioni

Gli umani sono per lo più esseri guidati dalle emozioni, pochi di noi si fanno guidare dalla logica. Se trasmetti carisma e sicurezza agli altri ma non sai fare in modo che si fidino di te non potrai avere successo: è questa l'essenza delle relazioni umane.

Riusciresti a esercitarti con qualcuno che non conosci ancora? Ti sembrerà difficile, spaventoso forse, ma solo tu saprai che si tratta di un esercizio; fai pratica in un ambiente tranquillo, ad esempio il negozio di alimentari: questo ti spingerà a cercare di entrare rapidamente in confidenza con qualcuno e se non funziona la prima volta, prova di nuovo!

È difficile spiegare a parole cosa sia un feeling immediato, ma lo capiamo con la stessa spontaneità con cui avvertiamo subito se una cosa è inappropriata o addirittura immorale: è una reazione istintiva, quasi primordiale. Quando si crea un feeling spontaneo con qualcuno potresti notare alcuni dei seguenti segnali:

un sorriso improvviso e spontaneo o una risata che si riflette negli occhi;

la condivisione di un fatto, un'emozione o una storia personale;

l'altra persona che abbassa la guardia.

Quando ti ritrovi bloccato in un luogo con un'altra persona, ad esempio se entrambi vi trovate lì allo stesso tempo per coincidenza e non potete andare via (in fila davanti alla cassa di un negozio, in un ascensore, in attesa al gate di un aeroporto, o sui mezzi pubblici), prova ad intrattenere una breve conversazione; naturalmente sarà molto più facile farlo con il commesso di un negozio mentre ti sta servendo: puoi chiedere come sta andando il lavoro, come è andata la giornata o cosa ne pensa del prodotto che vuoi acquistare.

In una situazione come quella dell'ascensore è importante scegliere una domanda o un argomento che non risultino invadenti, specialmente se sei un uomo e ti ritrovi da solo con una donna: visto lo scopo dell'esercizio, se ti ritrovi in una situazione del genere sarà meglio aspettare la prossima occasione, perché le donne, per ovvie ragioni, sono spesso in allerta intorno a uomini che non conoscono e con il nostro esercizio non vogliamo spaventare nessuno né farlo sentire a disagio.

Ad ogni modo se la persona che hai davanti manifesta il suo buon umore (se sorride, per esempio) puoi chiederle: "Qual è il segreto del tuo buon umore?" Assicurati di sorridere anche tu, in modo che la tua domanda non sembri sarcastica.

Cerca poi un elemento nella risposta che ti aiuti ad iniziare una conversazione, ad esempio se risponde: "Sono una persona allegra, mia madre mi ha insegnato a guardare sempre il lato positivo", tu puoi dire: "Mi piace la tua visione della vita. Di dove sei?"

E lui potrebbe risponderti: "Di Portland, vado a visitare i miei tra un mese, non vedo l'ora!".

Se una persona condivide con te un dettaglio così personale l'esercizio delle relazioni è senza dubbio riuscito!

2. Gli Esercizi per Ridurre lo Stress

Cosa c'entra lo stress in un libro che dovrebbe aiutarmi a migliorare il mio carisma, ti starai chiedendo. È molto semplice: i sintomi dello stress si manifestano molto chiaramente sul corpo, sul volto e negli occhi, e gli altri se ne accorgono da chilometri di distanza; la felicità è contagiosa, è vero, ma lo sono anche l'ansia e lo stress. Magari non ci rendiamo nemmeno conto di essere stressati, d'altronde è così naturale, ma se impariamo qualche trucchetto veloce per lasciarlo andare, possiamo buttarlo fuori dal nostro corpo prima di una festa, un appuntamento, una riunione o un colloquio:

La tecnica del "inspira con calma e butta fuori lo stress": il respiro è un mezzo molto potente, ne abbiamo bisogno per vivere e senza bisogno di pensare o di controllarlo respiriamo migliaia di volte al giorno; imparare a controllare il respiro può essere uno strumento efficace per calmare la mente e rilassare il corpo. Pensa a quando sei dal medico per un semplice controllo e ti chiede di respirare per sentire il tuo battito cardiaco: a meno che tu non ti senta male o spossato, questo momento ti calma all'istante, vero?

In taxi, in macchina, in ascensore, nell'atrio di un palazzo, ovunque tu possa fare una serie di respiri lenti e profondi senza che qualcuno ti guardi storto, respira dal naso, profondamente, capirai di aver preso abbastanza fiato quando il tuo stomaco inizierà a spingere verso l'esterno; ricordati sempre di tenere le spalle ferme: una respirazione sana e naturale nasce dal diaframma e non coinvolge mai le spalle.

Trattieni il respiro per mezzo secondo, immagina che l'aria fresca che hai appena inspirato avvolga e afferri lo stress all'interno tuo corpo; poi espira attraverso le narici e immagina lo stress lasciare il tuo corpo per non tornare mai più; fallo di nuovo e senti le tue mani strappare via lo stress dal tuo corpo; fallo ancora una volta e adesso immagina che lo stress lasci il tuo viso.

Esercizi facciali: a volte il nostro volto appare esausto, specialmente quando ci rapportiamo ad altre persone tutto il giorno. Rinvigorisci i tuoi muscoli facciali prendendoti un momento per te (se non sei a casa puoi farlo davanti allo specchio mentre sei al lavoro o in un ristorante, o anche in un bagno) e muovendo la faccia con tutte le espressioni possibili. Potrai sentirti sciocco, ma funziona davvero! Gli attori spesso lo fanno prima che il regista inizi a girare una scena semplicemente per "resettare" la faccia e tirare fuori espressioni facciali credibili.

3. Spostare Rapidamente L'Attenzione

Quando entri in una stanza se rivolgi rapidamente la tua attenzione al di fuori di te potrai relazionarti più facilmente con gli altri e acquisire carisma; le persone notano se concentri tutta la tua attenzione su di loro e lo apprezzano. Allo stesso modo si accorgono immediatamente se sei distratto, disinteressato o preso da te stesso e reagiscono negativamente.

Molte persone non ci fanno caso quando vanno a una riunione o a un colloquio, sono troppo concentrate prima di tutto ad arrivare, a trovare un posto per sedersi e poi a raccogliere i pensieri; ma per fare una buona impressione devi raccogliere i pensieri prima di entrare e una volta messo piede nella stanza devi preoccuparti di cercare con gli occhi tutti i presenti. Prova a fare un sorriso sincero quando incroci lo sguardo di qualcuno e solo dopo aver salutato tutti, cerca un posto a sedere, sicuramente qualcuno ti porgerà una sedia o ti indicherà un posto vuoto, dandoti l'opportunità di esordire con un: "Grazie!".

Inoltre concentrare la propria attenzione sugli altri piuttosto che su se stessi ha il vantaggio di distrarre la mente dal nervosismo, dalle insicurezze e da possibili cattive abitudini: quando smetti di pensare a te stesso è più facile apparire sicuro e non trasmettere ansia.

Migliora le Tue Abilità di Conversazione

Affrontiamo ora una delle questioni più impegnative da gestire e dominare per molti: poiché la padronanza delle abilità oratorie viene spesso trascurata all'interno delle scuole, i ragazzi di indole estroversa si distinguono e progrediscono, mentre i bambini più timidi rimangono in disparte, non avendo mai l'opportunità, anche tramite qualche lezione, di unirsi ai compagni più socievoli. Non perdere mai la speranza: tutti possono imparare a parlare bene con la determinazione e la pratica. Ecco alcuni consigli su come sviluppare le proprie qualità comunicative:

Non essere troppo duro con te stesso se ti senti nervoso. È normale, ma non rassegnarti! Usa la tua determinazione per fare pratica ed esercitati a parlare davanti a uno specchio, con la persona alla cassa di una tintoria, con il tuo autista di Uber, ovunque tu possa fare pratica (senza far fare tardi a nessuno), approfittane. Col tempo vedrai che acquisirai maggiore sicurezza in te stesso.

Preparati un discorso. Se devi parlare in pubblico o davanti a qualcuno di importante come il direttore delle risorse umane, fai qualche ricerca su di lui; elabora il tuo discorso per lui, non per te stesso: puoi parlare da solo tutto il giorno a casa. Scopri come il tuo pubblico vede le cose e adatta le tue parole al suo punto di vista.

Se devi parlare di fronte a una platea hai solo 30 secondi per accattivarti il pubblico. Essere preparati è essenziale; non andare a braccio, esercitati prima della data prestabilita.

Mostrati per quello che sei. La tua personalità è la cosa più importante per parlare in pubblico o interagire a livello sociale, quindi non nasconderla. Sii orgoglioso di te stesso e lascia emergere le tue qualità nascoste.

Non pensare che la pratica renda perfetti. È vero, ti abbiamo detto di esercitarti ancore e ancora, ma ricorda che le imperfezioni fanno parte dell'essere umano, quindi non puntare alla perfezione, cerca semplicemente di essere bravo. Anche i migliori oratori, artisti e professionisti hanno dei difetti, ma non se ne vergognano. Se inciampi, rialzati e vai avanti!

Usa l'umorismo per entrare in confidenza. Guarda ad esempio i comici: le loro storie sono spesso basate su aspetti semplici e banali della vita quotidiana; durante la giornata prendi nota dei momenti e delle situazioni che ti fanno ridere, e poi usa questi aneddoti per un fare una battuta brillante in una conversazione.

Usa le Tue Abilità Non Verbali

Se ti domandi cosa stiano provando o pensando le altre persone e perché, avrai modo di imparare ad interagire con loro; questa intuizione ti aiuterà a disinnescare qualsiasi conflitto possa crearsi e a portare avanti la conversazione. Il modo in cui reagisci quando provi un sentimento di empatia è determinato da un elemento non verbale: se ti rendi conto che un amico è triste e gli chiedete cosa c'è che non va con un tono allegro, lui potrebbe credere che in realtà non ti interessi; se invece utilizzi un tono preoccupato e comprensivo è più probabile che il tuo amico percepisca il tuo interesse e pensi che tu voglia davvero sapere cosa gli succede. Come già specificato, i segnali non verbali e le parole devono comunicare di pari passo ed essere in armonia.

Presto o tardi essere empatico ti verrà naturale, ma l'esercizio alla consapevolezza di ciò che l'altro pensa o prova richiede molto lavoro e impegno. Ti potrà sembrare quasi impossibile dover fare attenzione anche ai segnali non verbali, ma non preoccuparti: l'empatia nella comunicazione non verbale è in realtà abbastanza semplice e proprio come il linguaggio del corpo può essere ridotta a due elementi di base, ovvero la differenza tra un'energia alta o bassa.

Ma qual è la differenza tra un'energia bassa e una alta?

Una persona con un'energia elevata è solitamente entusiasta ed espressiva e la sua presenza si nota. Una persona con un'energia ridotta tende invece ad avere un atteggiamento più rilassato, riservato o tranquillo.

Ad ogni modo un'energia alta non è sempre sintomo di felicità, così come un'energia bassa non sempre caratterizza un individuo triste; per esempio una persona dopo aver vinto alla lotteria potrebbe decidere di correre su e giù per la stanza, urlando e strepitando, o potrebbe semplicemente sedersi con un sorriso sfacciato stampato sul volto: sono entrambe dimostrazioni di gioia, ma una esprime una bassa energia, l'altra un'energia alta.

Uno stesso individuo può sperimentare momenti di alta o bassa energia: infatti quando vedete una persona presa dall'entusiasmo vuol dire che sta vivendo un momento di alta energia e non che sia sempre così.

Empatia ed Energia

In teoria la distinzione tra alta e bassa energia può apparire piuttosto semplice, ma come si applica in concreto al concetto di empatia? Se il tuo interlocutore ha un'energia alta, dovrai cercare di dimostrare un'energia simile; viceversa se la sua energia è bassa dovrai cercare di adattare la tua.

Per esempio se vai a bere un drink con un tuo amico che sembra aver avuto una giornata impegnativa è probabile che sia meno loquace ed esuberante del solito.

Il tuo amico sta vivendo un momento di bassa energia, ma tu al contrario adori quel bar, sei felici di stare con lui, ti piace il tuo drink e l'atmosfera:

in sostanza hai un atteggiamento entusiasta ed estroverso; lui d'altra parte sorseggia il suo drink sperando che ti calmi in modo da poter avere una vera conversazione con te. Il problema è semplicemente che mentre l'energia del tuo amico è bassa, la tua è alta e se tu da una parte vorresti scherzare con leggerezza, il tuo amico preferirebbe bere il suo drink in tranquillità. Questa incompatibilità rende più difficile entrare in sintonia.

Trovare un Equilibrio tra Energie Non Verbali Diverse

Se decidi di adattarti all'energia sprigionata dal tuo amico, la serata trascorrerà molto più serenamente; quindi se ti accorgi che il tuo amico ha poca energia, comportati in modo tranquillo ed equilibrato anche se ti senti ancora entusiasta. Appena la sua energia cambierà potrai tornare ad essere più esuberante e aperto.

È sempre necessario adattarsi al livello di energia dell'altra persona piuttosto che sorpassarlo: se il tuo interlocutore è calmo e rilassato, abbassa la tua energia senza bisogno di buttarti giù di morale. Se l'altra persona è invece esuberante ed estroversa, alza la tua energia ma ricordati di non esagerare.

È fondamentale adattare la propria energia non solo alle persone, ma anche al contesto sociale; ad esempio un evento formale è caratterizzato da un'energia bassa che lo rende sobrio e contenuto, anche se tu in quel momento ti sentite al settimo cielo; una festa invece è un evento ad alta energia che ti richiede di essere più esuberante ed estroverso, anche se vorresti solo un po' di tranquillità. Quando ti trovi per la prima volta in un certo contesto sociale dovresti fermarti a riflettere sul tipo di energia che la situazione ti trasmette; quando lo avrai capito usalo come punto di riferimento per scegliere il tuo livello di energia.

La tua energia è importante quindi a prescindere dal fatto che sia bassa o alta, non c'è niente di male a esprimerlo, anche se quella del tuo interlocutore è diversa. Detto ciò, è meglio iniziare una conversazione eguagliando il livello di energia con quello del tuo interlocutore, per poi tornare lentamente al tuo; così facendo l'altra persona si muoverà con te.

Iniziando a osservare le energie e a regolare la tua per adattarla a quella degli altri scoprirai che entrare in sintonia è molto facile; questo ti aiuterà anche a esercitarti per acquisire consapevolezza di ciò che le altre persone pensano o provano. E torniamo così all'utilità dell'empatia: diventando empatico inizierai a comprendere gli altri, non avrai più bisogno di litigare e le tue relazioni diventeranno migliori e più profonde.

Auto-controllo e Autoregolazione

Il concetto è piuttosto semplice: che si tratti di situazioni passate o che stanno avvenendo in questo momento, come un lettore sei tu che interpreti la storia che stai leggendo, quindi hai molto più controllo di quanto pensi sulle cose e attribuisci loro significato.

È vero, a volte il significato può essere soggettivo, ma non sottovalutare mai l'importanza dell'interpretazione soggettiva perché le cose potrebbero non essere terribili come te le ricordi e potrebbero non essere tristi come ti sembrano ora.

Non cadere in un circolo vizioso di negatività

Riusciamo sempre a vedere il peggio nella nostra vita di tutti i giorni e questo atteggiamento diventa quasi inevitabile se cadiamo in un circolo vizioso di pensieri negativi. In questo modo finiamo per peggiorare la nostra interpretazione degli stimoli che riceviamo dall'esterno e questo non va bene.

Ma puoi decidere di dare vita a un circolo virtuoso ribaltando la situazione, puoi scegliere se creare una spirale di positività o di negatività, sta solo a te.

Ovviamente si tratta di una scelta complessa, non è facile capire quando e come farlo e si commettono molti errori prima di imparare, ma bisogna provare, o finirai in un circolo vizioso di negatività e la tua timidezza peggiorerà radicalmente, diventerà sempre più forte perché ti sembrerà legittimata dalla realtà, ma sei solo bloccato in un circolo vizioso di pensieri negativi e fare scelte diverse può stravolgere la situazione.

Ecco come va di solito quando sei preso dai tuoi pensieri negativi: vedi per esempio una persona attraente dire qualcosa che sembra diretto a te, tu interpreti la situazione negativamente e ti sembra un disastro totale, ti senti rifiutato e non apprezzato per quello che sei, inizi a sentirti poco attraente, indesiderato, impossibile da amare e così via.

Poi la timidezza ti assale perché non vuoi stare in mezzo agli altri visto che ottieni solo reazioni di quel genere, quindi agisci in modo sbagliato: rifuggi del tutto gli eventi pubblici oppure ci vai per sorseggiare la tua birra in un angolo mentre guardi gli altri divertirsi; oppure sei in discoteca o a una festa all'aperto e balli da solo o con la tua ristretta cerchia di amici.

Questo purtroppo attira ulteriore negatività, o almeno così ti sembra: la gente magari ti dimostra interesse e tu lo interpreti di nuovo nel modo peggiore, il processo si ripete e finisci per sprofondare in un buco nero di negatività.

Cosa vuoi che accada? La tua timidezza diventa sempre più forte perché continui a ripeterti: "Questa è la prova oggettiva che gli eventi sociali non vanno bene per me e mi fanno soffrire, mi fanno sentire poco amato, mi fanno sentire indesiderato e non accettato, c'è qualcosa che non va in me", e così via.

Ti do una buona notizia: non sei obbligato a farlo, devi uscire da questo circolo vizioso di negatività.

Come Diventare Più Carismatico

Il carisma permette di diventare eccellenti oratori pubblici e ottimi narratori. Fascino e carisma sono due tratti che ti rendono immediatamente più simpatico, anche tra le persone che hai appena incontrato; è un grande vantaggio, in particolare nel mondo della carriera dove stabilire contatti e creare nuove relazioni è molto importante.

Le persone carismatiche attirano gli altri verso di sé senza sforzi, perché sono piacevoli, affascinanti e possiedono quell'aura magnetica che attrae gli altri come calamite; quando parlano in pubblico catalizzano l'attenzione della stanza. Il pubblico pende dalle loro labbra dall'inizio alla fine e i discorsi in pubblico non sono mai noiosi quando è una persona influente e carismatica a pronunciarli.

Se vuoi avvicinarti alle persone devi connetterei con loro a livello emotivo; osserva gli individui carismatici, sembra che sappiano come parlare alla gente, come iniziare una conversazione, come portarla avanti, come farle prendere la piega che vogliono, come attirare l'attenzione degli altri e farli appassionare alle proprie parole, sembra che abbiano un enorme coraggio e non abbiano problemi a parlare di fronte a una grande folla.

Come fanno? Come superano la paura e l'ansia che affligge tanti altri quando si tratta di parlare in pubblico?

Affinano le proprie abilità sociali e le uniscono al proprio carisma per dare vita a una combinazione vincente.

Devi essere in grado di parlare con le persone con più semplicità, altrimenti nemmeno il carisma potrà aiutarti ad avere successo nelle conversazioni: sono questi gli elementi fondamentali per raggiungere il successo.

Felicità, Ottimismo e Positività

Ogni pensiero che il tuo cervello elabora produce sostanze chimiche. Ogni volta che ti concerti sui pensieri negativi, le energie positive all'interno del tuo cervello vengono risucchiate: i pensieri negativi lo rallentano, arrivando persino a limitare il suo funzionamento; ti sei mai sentito così paralizzato da pensieri infelici da non poter fare altro che concentrarti su quanto ti sentissi triste? Nel peggiore dei casi, essere immersi nella negatività cronica può portare a lungo andare alla depressione.

Ma se inverti la rotta e inizi a concentrarti su pensieri positivi, il cortisolo inizia a diminuire e al suo posto subentra la serotonina, che produce un senso di benessere generale; il tuo cervello ha bisogno di questo per funzionare al massimo delle sue capacità: essere alimentato da pensieri di felicità, gioia, ottimismo e speranza.

Pensare positivo aiuta a sostenere la crescita e lo sviluppo del cervello; questo tipo di pensieri rigenera e rinforzare le sinapsi, in particolare quelle intorno alla corteccia prefrontale. Le scoperte dei neuroscienziati hanno persino confermato che si riscontra in coloro che hanno una predisposizione a essere più felici, allegri e ottimisti una maggiore attività a livello della corteccia prefrontale.

Una Guida Pratica per Migliorare le Proprie Abilità Sociali: Consigli, Tattiche e Strategie.

Per aumentare la tua influenza sociale devi diventare capace di adattare i tuoi messaggi al contesto. Ecco cosa dovrai fare:

Scegli con cura le parole e presta sempre attenzione al tuo pubblico e al gruppo di persone con cui stai parlando. Il tuo pubblico deve essere sempre al primo posto nella tua mente quando lavori sulle tue abilità comunicative e sociali. Quale linguaggio e stile comunicativo si adatta meglio alla situazione? Quali parole e quale lessico colpirebbe di più il pubblico? Cosa puoi fare per fargli arrivare il tuo messaggio e farti ricordare? Seleziona con cura parole che il pubblico possa realmente capire.

Riformula i concetti con altre parole: aiuta a sottolineare le cose importanti. Puoi ad esempio usare parole come "io" piuttosto che "tu", utile quando ci si trova in una situazione emotivamente delicata o conflittuale: infatti spostando l'attenzione puoi cambiare completamente il contesto del messaggio e la persona non si sentirà attaccata né si porrà sulla difensiva avendo l'impressione di essere biasimata.

Modifica l'intonazione della tua voce quando la situazione lo richiede: è lo stesso principio in base al quale bisogna riadattare il messaggio a seconda del pubblico in questione. Scegli il giusto tono di voce: al lavoro sarebbe meglio usare un tono professionale e serio, mentre tra amici potrà essere gioviale e allegro; dipende unicamente dal contesto sociale in cui ti trovi.

Faccia a faccia: è sempre più facile comunicare di persona, riduce al minimo le possibilità di fraintendimento, ti permette di interpretare al meglio la situazione che stai affrontando e aiuta inoltre a scegliere come impostare il messaggio; cerca di evitare un linguaggio che possa sottintendere un tono accusatorio. La comunicazione faccia a faccia è sempre preferibile alla comunicazione per messaggio o e-mail, specialmente quando si tratta di questioni importanti; mantieniti neutrale e professionale, ma soprattutto vai dritto al punto. Se invece non hai modo di parlare faccia a faccia, la cosa migliore da fare per te stesso e per l'efficacia del tuo messaggio è ricontrollare che sia tutto corretto prima di inviarlo. Se devi inviare un'e-mail leggila più volte prima di cliccare sul tasto d'invio; se devi parlare per telefono annota le cose che vuoi dire e tieni i tuoi appunti davanti in modo da non dimenticare nulla.

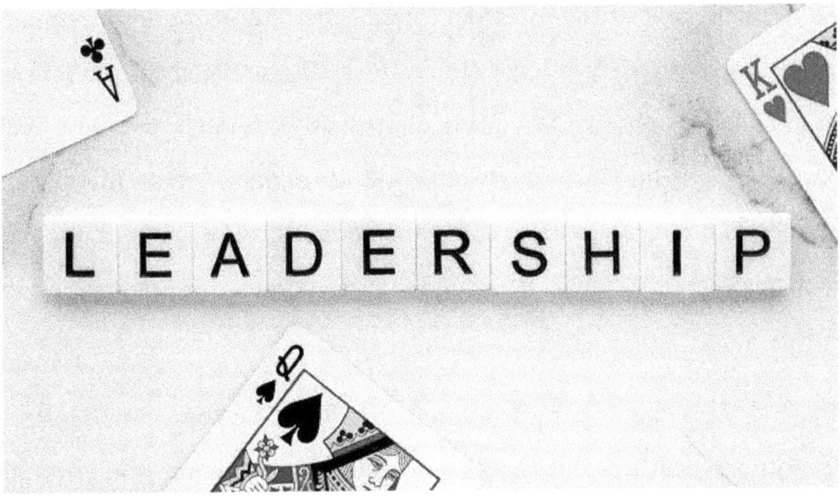
LEADERSHIP

L' Intelligenza Emotiva e le relazioni

L'Intelligenza Emotiva sul Posto di Lavoro e negli Affari

Sono molteplici le situazioni in cui l'intelligenza emotiva può tornare utile sul posto di lavoro e forse la cosa più difficile da fare è anche la più efficace: fare un bilancio onesto dei propri punti forti e di quelli deboli a livello lavorativo. Non buttarti giù, si tratta solo di riconoscere da una parte le cose che sai fare bene e capire come sfruttarle, dall'altra quelle che potresti fare meglio, quindi quando ricevi un feedback a riguardo assicurati di farne tesoro.

Trova inoltre la chiave per affrontare in modo sano e appropriato lo stress che potresti provare al lavoro, assicurati di trovare un equilibrio per ritagliarti del tempo libero dal lavoro per coltivare i tuoi hobby o fare esercizio fisico, così da mitigare i fattori di stress sul lavoro. Impara inoltre a controllare qualsiasi crollo emotivo che possa verificarsi mentre sei al lavoro usando le tue abilità di autoregolazione per rimanere calmo sotto pressione piuttosto che perdere il controllo sui tuoi istinti.

Sfruttando la tua intelligenza emotiva sul posto di lavoro riuscirai a notare senza fatica le cose positive che accadono nel tuo ambiente lavorativo e troverai la tua motivazione interna. Concentrati sulle motivazioni che ti hanno spinto ad accettare quella posizione, sulle cose che ami del tuo lavoro, sui risultati positivi che hai ottenuto con la tua squadra e nella tua azienda, così come sull'impatto positivo che la tua azienda ha sul mondo;

non solo sarai sempre più motivato anche nelle situazioni difficili, ma la tua motivazione diventerà contagiosa per i tuoi colleghi.

Andando al lavoro ogni giorno, pronto ad utilizzare la tua intelligenza emotiva per creare un ambiente di lavoro sano e positivo per te e per i componenti del tuo team, aiuterai anche loro ad acquisire una maggiore intelligenza emotiva. Avere questa consapevolezza, necessaria ad approcciarsi in modo sano al lavoro, ti aiuterà ad essere rispettoso e deciso nel creare, stabilire e far rispettare i limiti; non solo trarrai benefici dal mettere in chiaro i tuoi limiti e le tue aspettative, ma i membri del tuo team avranno un modello di comportamento per stabilire i propri limiti, oltre ad instaurare un rapporto di fiducia che gli permetta di capire quando e come comunicare con te.

Intelligenza Emotiva e Relazioni

Molte persone tendono a mettersi sulla difensiva, a sentirsi incomprese o sottovalutate e iniziano a interagire con il prossimo tramite modalità piuttosto negative, ed è comprensibile perché sono abituate a comunicare così. Tuttavia per abbandonare una mentalità vittimistica è necessario mettere in gioco la propria intelligenza emotiva, migliorando così le proprie relazioni e dimenticando qualsiasi comportamento negativo che ci si aspetti dagli altri, andando avanti con coraggio nella convinzione di raggiungere risultati positivi.

Per farlo può essere utile partire dal presupposto che le intenzioni degli altri siano buone, soprattutto quando si verificano dei malintesi, qualcuno commette un errore o relazionarsi sul lavoro si rivela complicato: se un dipendente non soddisfa le tue aspettative non iniziare la conversazione già pronto al conflitto o presumendo che stia sbagliando di proposito, parti pensando che ci sia qualcosa di importante che ancora non sai.

Il più delle volte corrisponde al vero perché la maggior parte dei dipendenti non vuole lasciare che la propria vita personale interferisca con la carriera; ci sono diverse ragioni per cui un dipendente possa volerti tenere all'oscuro di alcune informazioni personali, nonostante tu ti accorga delle ripercussioni negative che la situazione sta avendo sul suo lavoro. Così facendo avrai la possibilità di ascoltare il punto di vista dei vari componenti del tuo team, tenendoti aggiornato e dimostrando di essere aperto ad ascoltare i loro feedback, così che la comunicazione possa scorrere liberamente in entrambe le direzioni, migliorando notevolmente il morale.

Se inizi una conversazione con il presupposto che le intenzioni siano buone, il tuo interlocutore se ne accorgerà e metterete le basi per un rapporto di fiducia reciproca; se mostrerai compassione ed empatia senza che l'altro debba dimostrarti nulla o condividere più di quanto desideri, nascerà in lui un profondo senso di lealtà e positività.

Diventare Sicuri di Sé

La sicurezza in se stessi deriva dall'intelligenza emotiva, ma ne costituisce allo stesso tempo una condizione fondamentale a cui è necessario prestare molta attenzione. Una persona con un alto QE spesso ha anche molta fiducia in se stessa perché si sente certa della propria capacità di comportarsi in pubblico e sceglie di impegnarsi per acquisire sicurezza, in modo da poter esprimere la propria emotività in modo più sano.

Gli individui che non hanno fiducia in se stessi spesso si ritrovano a provare sentimenti come paura, vergogna, delusione, imbarazzo, rimpianto, senso di colpa e altre emozioni che li portano a trattenersi o a non riuscire a mettere in atto comportamenti sani. Una persona con un alto QE capisce che queste emozioni sono alla base di una scarsa fiducia in se stessi e per questo le controlla consapevolmente e le sconfigge, in modo da poter tornare ad una condizione di forte sicurezza di sé.

Se vuoi aumentare il QE devi impegnarti anche a migliorare la tua autostima: essere più sicuri di sé aiuta un leader a guardare in faccia il suo team e guidarlo senza mai dubitare di se stesso o mostrare segni di paura o debolezza che possano far perdere fiducia alla squadra.

Un ottimo metodo per iniziare ad acquisire sicurezza come leader è la visualizzazione: dedicare ogni giorno circa 10 minuti alla visualizzazione e ripetere a se stessi di essere un leader forte e capace con una visione chiara e degli obiettivi importanti contribuisce ad aumentare la propria autostima. Inoltre molti leader adottano una pratica che consiste nel fare qualcosa che li spaventi ogni giorno, per abituarsi ad affrontare e controllare la paura in modo che non possa più essere un ostacolo al loro lavoro.

Per essere un buon leader e accrescere il tuo QE abituati a mettere in discussione il tuo critico interiore o la tua voce interna per vedere se quello che dice corrisponde alla realtà: potresti renderti conto che la voce interna che sta cercando di trattenerti è in realtà governata dalla paura, quindi il problema non è la tua mancanza di sicurezza, ma il fatto che sei accecato dall'emozione della paura. Se imparerai a riconoscerla e a lavorarci sopra avrai l'opportunità di combattere le emozioni che ti paralizzano e iniziare a guadagnare una profonda fiducia e sicurezza in te stesso.

Come Affrontare le Emozioni Negative degli Altri

Naturalmente gestire le emozioni è complicato, soprattutto nell'ambito di situazioni stressanti al lavoro che rappresentano purtroppo una realtà molto comune; non per questo puoi lasciare che i tuoi sentimenti negativi abbiano la meglio su di te, quindi perché non cominciare distinguendo le emozioni di serenità da quelle di negatività che si possono provare sul posto di lavoro?

Ricordati che essere consapevoli del proprio stato emotivo è il primo passo per controllarlo, proprio come espresso nel modello misto dell'intelligenza emotiva.

Ora, tornando alle emozioni negative che bisogna affrontare, tra gli stress emotivi sul posto di lavoro c'è quello relativo alla frustrazione o all'irritazione, che deriva solitamente da una sensazione di impotenza.

Ammettiamo che il tuo capo sia apertamente sessista o razzista: se vuoi uscire da questa situazione devi prima di tutto fermarti a valutare se tali etichette si applichino davvero al tuo superiore; domandati poi se è davvero questa la ragione per cui ti senti così. Qual è il modo migliore e più diplomatico per affrontare la questione?

Prenditi del tempo per riflettere e dopo averlo fatto vedrai che sarai abbastanza calmo e lucido da affrontare la situazione con positività; ti consigliamo di ripensare a episodi simili in cui vi siate ritrovati tu o i tuoi colleghi e cercare di imparare dal modo in cui avete gestito quella situazione.

Ad ogni modo non ci riferiamo unicamente a frustrazione e irritazione: qualsiasi emozione negativa tu stia provando sul posto di lavoro, come la preoccupazione o la rabbia, il nervosismo o l'esasperazione, il disprezzo o la delusione, l'infelicità o l'insoddisfazione può essere affrontata allo stesso identico modo, si tratta solo di capire quali emozioni negative tu stia provando e trovare un modo razionale ed efficace per controllarle.

È importante tenere a mente che l'introspezione è una parte essenziale nella conduzione di qualsiasi azienda e per un leader la capacità di esaminare i propri obiettivi e sentimenti è importante non solo perché offre una visione chiara di ciò che vuole per il suo futuro, ma anche perché gli permette di guidare le persone che coordina in modo più chiaro.

Come Trarre Vantaggio dalle Emozioni Positive degli Altri

Una domanda semplice: su una scala da uno a dieci quanto ti senti felice quando vai al lavoro? Un cinque, forse un sei se siamo fortunati?

Ora domandati: "Quanto tempo passo al lavoro?"; gran parte della giornata, giusto?

Senti il rimpianto stringerti un nodo alla gola? Immagina se potessi cambiare le cose, se potessi fare qualcosa per rendere piacevole andare al lavoro ogni mattina. Ti aiuterebbe ad essere più produttivo? Secondo le statistiche aziendali sì, molto!

Ti va di imparare qualche trucco del mestiere?

Esprimi la Tua Gratitudine

Un modo semplice per creare positività tra i tuoi dipendenti e all'interno del tuo team consiste nel creare una cultura del riconoscimento reciproco: pensate a come un semplice "grazie" possa far sentire a chi lo riceve riconoscenza e apprezzamento. Imparando a riconoscere le proprie fortune, in particolare in un'ambiente aziendale, si trasmette positività a tutti i componenti del proprio team e poiché la positività è un'emozione contagiosa come l'empatia, tende a diffondersi e ad aggiungere valore alla squadra nel suo insieme.

La tecnica ideale per stimolare la gratitudine all'interno delle relazioni d'affari è iniziare quotidianamente le riunioni con una sessione di feedback positivi, vale a dire riconoscere le cose positive e sottolinearle prima ancora di iniziare ad affrontare i problemi.

Creare buone relazioni

Un altro suggerimento utile affinché un leader possa diffondere positività all'interno del proprio team e nell'azienda è incoraggiare i dipendenti ad instaurare buone relazioni con i colleghi della squadra. Gli studi sulla felicità hanno dimostrato che gli stati d'animo positivi sono estremamente contagiosi, perciò anche se non sei di buon umore, il solo fatto di entrare in contatto con qualcuno che lo sia può migliorare il tuo umore e quello di chi ti circonda.

Bisogna incoraggiare il personale a gioire dei piccoli successi e delle conquiste personali: di solito le piccole aziende e quelle a conduzione familiare utilizzano la strategia di nominare "l'impiegato del mese" o "il manager della settimana", che può stimolare i dipendenti a impegnarsi di più, creando inoltre all'interno del personale un senso di comunità che, a sua volta, incoraggia le amicizie sul posto di lavoro con grandi benefici per la produttività e la crescita aziendale.

Incoraggia i Punti di Forza e le Qualità

Un altro consiglio professionale è quello di sfruttare gli obiettivi e le opportunità per incoraggiare i dipendenti a lavorare sui propri punti di forza; stabilendo degli obiettivi i dipendenti sentono di avere uno scopo, soprattutto perché non sempre è facile visualizzare il quadro generale. Permettendo ai dipendenti di fare ciò in cui sono bravi e dando loro maggiori opportunità di emergere è possibile stabilire gli obiettivi strategici e affrontare le sfide di sviluppo con i migliori candidati possibili per il lavoro. Raggiungere esiti positivi è di per sé molto gratificante e per questo fa sì che le persone si sentano soddisfatte di se stesse.

Saper Parlare alle Persone

A volte purtroppo bisogna dare cattive notizie e tutti i leader devono scontrarsi con questo scoglio, nonostante possa risultare scomodo. Per comunicare abilmente una notizia spiacevole o affrontare una conversazione difficile con i propri dipendenti c'è bisogno di un'eccellente intelligenza emotiva; come comunicare ad esempio a un componente del proprio team che nonostante il duro lavoro svolto non otterrà un aumento di stipendio senza rischiare di mortificarlo? Come riportare un feedback negativo a un collega che di recente non ha portato a termine i propri doveri senza farlo sentire insignificante?

Avere un confronto con colleghi, dipendenti o partner commerciali e affrontare questioni che per molti sono delicate può essere un compito piuttosto arduo e per questo spesso si commettono i seguenti errori di fronte a questi problemi:

Essere troppo schietti: questo atteggiamento mette sicuramente in chiaro il problema, ma rischia di ferire i sentimenti e di avere conseguenze negative sul morale, creando involontariamente incomprensioni, e di provocare nell'altro un distacco emotivo e mentale, rendendo la comunicazione meno efficace. Inoltre una persona che affronta i problemi senza mezzi termini manca probabilmente di intelligenza emotiva; alcune occasioni richiedono una certa schiettezza, ma ricorrere assiduamente a questo approccio dimostra una forte mancanza di empatia.

Temporeggiare: sembra l'opzione più facile ma a lungo andare peggiora la situazione. Sviare una conversazione difficile è tipico dei leader che non sanno come affrontare la situazione o che sono troppo occupati a preoccuparsi dei sentimenti degli altri e lasciano che questa preoccupazione abbia la meglio sulle loro idee e sugli obiettivi aziendali.

Saper gestire le conversazioni difficili è un'abilità fondamentale che chiunque voglia diventare un leader di successo deve acquisire e padroneggiare; nonostante a nessuno, leader o meno, piaccia affrontare una conversazione complicata, i consigli a seguire ti aiuteranno a ridurre quella sensazione di disagio e sofferenza solitamente associata alle conversazioni delicate.

Lavoro di Squadra

Persone dotate di grande intelligenza emotiva lavorano più facilmente in gruppo.

Collaborare non è facile in quanto porta insieme persone con opinioni e punti di vista divergenti; ogni essere umano è a sé ed è facile constatare come ognuno ragioni diversamente.

Per poter lavorare insieme bisogna essere accomodanti e rispettare il fatto che, nonostante le opinioni contrastanti, si possa comunque eseguire al meglio i propri compiti senza tenere conto delle divergenze. Acquisendo un'intelligenza emotiva il lavoro di squadra godrà dei seguenti benefici:

Stimolare i Componenti del Team

L'intelligenza emotiva permette ad ogni componente del team di conoscere se stesso e coloro che lo circondano, mettendo in risalto cosa li stimoli e li faccia sentire più motivati a raggiungere un obiettivo comune.

Nonostante le divergenze è possibile individuare un fattore comune unificatore che aiuta a lavorare insieme: il modo in cui trattiamo il prossimo influenza direttamente la nostra produttività e ha il potere di determinare se ci sentiamo ispirati o demotivati.

Riconoscere I Punti di Forza e le Debolezze

Per lavorare insieme è essenziale riconoscere quali siano i punti di forza e le debolezze degli altri; questo ti aiuterà a distinguere in quale area ogni dipendente renderebbe al massimo e allo stesso tempo ti mostrerà in quale campo rischierebbe di compromettere le prestazioni.

All'interno delle aziende è essenziale assegnare a ogni dipendente un ruolo che possa valorizzare al meglio le sue capacità, scelta che si riflette sul rendimento generale dell'azienda.

Diventare un Leader

Gli individui dotati di una forte intelligenza emotiva di dimostrano solitamente ottimi leader: sanno relazionarsi positivamente con chi li circonda, sanno solitamente assumere il controllo delle proprie emozioni e tengono in considerazione i sentimenti altrui, quindi sanno perfettamente come gestirli.

Il ruolo del leader è fondamentale per avvicinare le persone e migliorare la produttività della squadra; chiaramente in ogni azienda c'è sempre una persona incaricata di assicurarsi che i dipendenti lavorino bene e abbiano successo.

Spesso nel selezionare un Team Leader si presta attenzione alle qualità che possiede, in quanto avranno la capacità di influenzare il modo in cui coordinerà gli altri.

A tale proposito selezionare una persona dotata di grande intelligenza emotiva può rivelarsi estremamente funzionale, perché saprà relazionarsi con le persone al fine di raggiungere un incredibile successo di squadra.

Sii Innovativo

Eccellenti capacità comunicative rappresentano la chiave per il successo di qualsiasi squadra: bisogna permettere a tutti di avere voce in capitolo ed esprimere la propria opinione.

Questo facilita la condivisione delle idee e la creatività, in quanto ogni persona può dire quello che pensa e spiegare come è arrivata a una certa conclusione, così che gli altri possano seguire il suo ragionamento.

Esprimere le proprie idee ad alta voce è utile per perfezionarle proprio mentre si cerca il modo più efficace di spiegarle agli altri, ma per ottenere questo risultato i componenti del team devono possedere una buona consapevolezza emotiva così da dare a tutti la possibilità di esprimere la propria opinione.

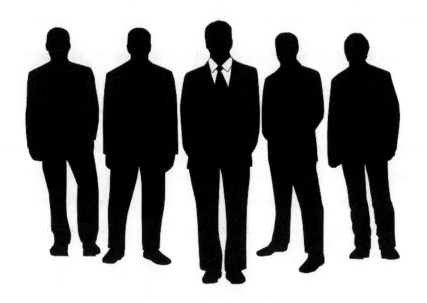

Conclusioni

Arrivato a questo punto spero tu abbia capito che l'unico responsabile del tuo successo e dei tuoi fallimenti sei proprio tu. Non molte persone vedono il mondo sotto questa luce, sai perché?

Perché è difficile; è difficile accettare di portare il peso delle cose negative che ti accadono, è più facile prendersi il merito solo di quelle positive e raccontarsi la storiella che il mondo è crudele e ti rema contro quando le cose non vanno come vorresti. Non sto dicendo che non accadrà niente di brutto né che sia sempre possibile impedirlo, ma da parte tua puoi essere preparato ai cambiamenti e alle prove che la vita inevitabilmente ti metterà di fronte, puoi affrontarli con dignità e non permettere che ti distraggano dai tuoi obiettivi.

Quelle descritte non sono certo le sole componenti di una mentalità di successo, ne esistono molte; questo tipo di mentalità prevede la ricerca di persone che condividano la tua stessa prospettiva, o meglio ancora che la mettano in discussione. Accumula nuove conoscenze, mettile alla prova, elimina ciò che non funziona e tieniti stretto ciò che funziona.

Ricorda anche che il fallimento è parte integrante del successo; se stai facendo del tuo meglio qualche volta potrai fallire, è normale, forma il carattere e la resilienza, e ti insegna ad essere grato. La vita ti riserverà sempre nuove lezioni, fanne tesoro. La tenacia è la chiave per il successo. Non arrenderti mai!

In bocca al lupo.

TERAPIA COGNITIVO COMPORTAMENTALE (CBT)

7 Strategie per Motivare un Forte Cambiamento ed Imparare a Gestire e Superare le Emozioni Negative, l'Ansia, le Preoccupazioni e i Pensieri Negativi.

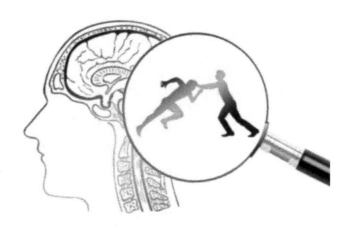

MIND CHANGE ACADEMY

Introduzione

Che cos'e' la Terapia comportamentale cognitiva?

Dobbiamo affrontare diversi tipi specifici di problemi ed eventi della vita. Ognuno di questi potrebbe essere carino; altri potrebbero non essere così divertenti. Tuttavia, il modo in cui viviamo la vita, che la amiamo o la odiamo, è una caratteristica del tipo di prospettiva che abbiamo, così come la forza emotiva che possiamo raccogliere. Alcuni individui sono sempre ottimisti e positivi, consentendo loro di affrontare con forza ed equanimità tutte le circostanze. Ce ne sono altri dall'altra parte della scala che sono molto timidi e anche predisposti negativamente, rendendoli piuttosto spaventati, spaventati e persino abbastanza intimiditi da tutto.

Mentre in alcuni altri casi, alcune persone sono ciniche per natura, le persone attraversano anche esperienze traumatiche che cambiano le loro vite per sempre. Ad esempio, i bambini che subiscono un omicidio o un possibile attacco terroristico potrebbero subire danni mentali per tutta la vita e soffrire di attacchi di panico e ansia. Al punto in cui sono eternamente infelici o forse irritabili, lunatici e arrabbiati tutto il tempo, sicuramente anche gli altri si sentono molestati e infastiditi. Questi sono tutti esempi di azioni e stili di vita comportamentali disfunzionali che devono essere affrontati attraverso la terapia cognitivo comportamentale, nota anche come TCC.

La TCC è una terapia attraverso la quale medici e psicologi professionisti lavorano al fianco delle persone per cercare di aiutarle a trovare il motivo per cui si comportano in un modo particolare con se stesse. I pensieri forniscono un passaggio per costruire emozioni e comportamenti e rendono essenziale affrontare le idee e anche analizzarle correttamente in modo che la causa principale del problema possa essere identificata e risolta. La strategia fondamentale è sostituire i sentimenti depressivi con sentimenti costruttivi e ottimisti prima che l'individuo abbia una seconda natura, che è la positività. Solo così si può essere di nuovo sani e felici.

Non diamo per scontato che la TCC sia una tecnica semplice. In primo luogo, ha bisogno di metodi psicoanalitici meticolosi e di lunga durata, così come la terapia psichiatrica in modo che i vecchi ricordi e le emozioni deteriorate o ferite possano scomparire nel passato. Ciò contribuirà a portare la felicità in primo piano e aiuterà anche una persona a fare scelte razionali e sane. Dopotutto, è fondamentale garantire che la vita sia vissuta al massimo senza rimpianti.

Come funziona la TCC?

La terapia cognitivo-comportamentale ha un approccio in sei fasi per aiutare le persone a guarire le condizioni mentali con cui hanno a che fare. L'obiettivo è riconoscere le distorsioni cognitive che stanno vivendo e identificare i modi in cui possono superare queste distorsioni cognitive creando in definitiva metodi di coping, cognizione, emozioni e comportamenti più forti. L'obiettivo è sviluppare persone più adattive e capaci di essere coinvolte nel mondo reale con esperienze meno problematiche nelle loro emozioni e cognizioni.

L'intero ciclo della TCC inizia con il riconoscimento di quali sono i comportamenti e le esperienze problematiche e l'utilizzo di questi per identificare i cicli stimolanti che le persone stanno affrontando nella loro mente, che portano a queste azioni ed esperienze. Successivamente, l'individuo apprende le tecniche basate sulla TCC che hanno lo scopo di aiutarlo a navigare in quei pensieri, sentimenti e comportamenti in modo sano ed efficace. In questo modo, possono iniziare a cambiare i loro cicli problematici, il che si traduce in processi più nuovi e meno problematici nelle loro vite

Lavoro di base sulla TCC

La TCC si basa su una struttura di base che segue sei fasi. Queste sei fasi hanno lo scopo di tracciare una mappa di come l'individuo andrà da dove si trova ora a dove vuole essere. L'intera focalizzazione in avanti della TCC è ciò che porta gli individui ad avere un così grande beneficio dalla TCC in quanto li supporta nell'affrontare e guarire in futuro, piuttosto che porre un'enfasi eccessiva su ciò che è successo in passato.

Fase uno: Assestamento

La prima fase della TCC consiste nel valutare qual è il problema e ottenere una comprensione completa di ciò che questo problema sta portando alla vita di un individuo. L'idea è di creare una sorta di mappa che mostri dove sta iniziando il problema e cosa sta portando ogni singola volta che si verifica. Di solito, in questa fase, le persone vedono che i loro problemi stanno portando a situazioni che causano sempre più lo stesso problema. Questo può portare le persone a sentirsi come "bloccati" o come se non ci fosse alcun modo per loro di sfuggire al ciclo in cui stanno vivendo, e quindi cercano un trattamento.

Ottenere una piena e chiara comprensione di qual è il problema e di ciò che la situazione comporta è essenziale, poiché questa è l'intera base su cui l'individuo sarà in grado di iniziare a cambiare le proprie esperienze. Devi assicurarti di avere tutto a posto e chiaramente compreso, in modo da poter identificare le strategie appropriate che ti supporteranno nella guarigione dei disturbi che ti hanno portato a cercare un trattamento in primo luogo.

Fase due: Riconcettualizzare

La parte successiva della struttura del TCC è la riconcettualizzazione. Spesso, una volta che le persone identificano i cicli dei loro problemi, si rendono conto che nella loro mente sentono che le cose non potrebbero andare in nessun altro modo. L'idea è che il modo in cui stanno le cose adesso è immutabile e le persone continueranno sempre ad avere queste esperienze ea sentirsi in questo modo, e non c'è niente che si possa fare al riguardo. Naturalmente, questo stesso insieme di credenze li porta a sentirsi intrappolati in primo luogo perché sono incapaci di vedere che ci sono altre possibilità su come potrebbero andare le cose o cosa si potrebbe fare per interrompere il ciclo.

Durante la fase di riconcettualizazzione, l'intero scopo è identificare cosa può essere cambiato nell'attuale sistema di credenze dell'individuo per renderlo molto più favorevole ai loro obiettivi nella vita. In questo modo, possono iniziare a vedere oltre la loro prospettiva limitata e le loro convinzioni limitanti e iniziare a vedere una nuova verità o un nuovo modo di pensare che li supporti nel rompere il ciclo. In alcuni casi, il cambiamento di convinzione è lieve, mentre, in altri, può essere necessario un modo completamente nuovo di percepire e credere per aiutare la persona alla fine ad abbandonare quel modo di comportarsi.

Fase tre: Acquisizione delle competenza

Ora, l'individuo ha individuato i nuovi obiettivi e il nuovo modo di percepire la loro realtà. Devono passare all'acquisizione di abilità che possono aiutarli a rafforzare queste nuove convinzioni nella loro vita. Spesso le persone non credono in un modo di vivere diverso, perché non hanno le capacità necessarie per farlo effettivamente esistere, quindi pensano di essere incapaci di arrivarci. Quando inizi a creare le abilità, devi avere la realtà che vuoi avere, credere che sia possibile e arrivarci diventa molto più facile. Inoltre, cambiare idea diventa molto più facile perché non ti senti più intrappolato nei tuoi cicli e invece inizi ad avere speranza in ciò che potresti sperimentare in futuro.

Fase quattro: Consolidamento e applicazione delle competenze

Una volta che avete capito quali abilità funzioneranno meglio per voi quando si tratta di trattare il vostro disturbo, e le avete praticate, dovete iniziare a consolidarle e applicarle alla vostra condizione reale. Questa è la parte del processo in cui hai l'opportunità di riunire queste abilità in un unico trattamento, e usarle per aiutarti a cambiare completamente la tua mente.

Quando iniziate a consolidare le vostre abilità, dovete identificare come potete ragionevolmente applicarle alla vostra capacità di superare il vostro disturbo. Questo significa che dovete tornare alla mappa che avete disegnato nella fase uno e identificare dove queste abilità potrebbero essere usate al meglio. Poi preparatevi per quelle circostanze stabilendo come e quando applicherete le vostre nuove abilità. Una volta che avete creato queste aspettative su voi stessi e sul vostro trattamento, potete iniziare ad applicare le vostre nuove abilità in queste aree e permettervi di iniziare a sperimentarne i benefici.

Fase cinque: Generalizazione e Mantenimento

Dopo che hai iniziato ad applicare regolarmente le tue nuove abilità al tuo disturbo particolare, la fase successiva è concentrarti sulla generalizzazione e sul mantenimento. Questa è la parte della TCC in cui inizi a imparare come prendere queste nuove abilità e strategie e trasformarle in pratiche di routine effettive che applicherai alla tua vita come un'abitudine. È così che puoi iniziare ad accettare i tuoi cambiamenti in modo più automatico.

Oltre ad abbracciare i tuoi cambiamenti in modo sistematico per i tuoi disturbi esistenti, vuoi anche imparare a generalizzare queste abilità, in modo da poterle utilizzare per molte aree della tua vita. Poiché la CBT si concentra principalmente sulla gestione dello stress e sulla risposta allo stress, queste tecniche possono essere utilizzate in molti modi per le persone. Imparare a generalizzare le tue abilità e applicarle a più aree della tua vita, può aiutarti a ridurre al minimo il tuo disturbo attuale e allo stesso tempo sostenere te stesso a vivere una vita più sana in generale.

Fase sei: Valutazione post-trattamento

Mentre continui ad applicare il tuo trattamento TCC al tuo disturbo, devi assicurarti di prenderti il tempo per eseguire una valutazione post-trattamento, per vedere se le tue nuove abilità ti stanno aiutando o meno. La tua valutazione post-trattamento verrà eseguita molte volte fino al punto in cui scoprirai di aver sperimentato un sollievo abbastanza significativo per un periodo prolungato, il che alla fine dimostra che non stai più lottando.

È essenziale capire che anche quando la tua valutazione dice che stai "tutti meglio", devi comunque implementare e rafforzare le tue nuove abilità. Se torni al tuo vecchio modo di vivere e sperimentare, subito dopo averlo realizzato, ti ritroverai a sperimentare enormi lotte nella tua vita, mentre affronti nuovamente le difficoltà nel tuo modo di farcela. Devi sempre continuare ad abbracciare il tuo nuovo modo di essere, in modo da poter continuare a superare il disturbo problematico, mentre allo stesso tempo stai prevenendo lo sviluppo di eventuali disturbi complicati futuri dovuti a metodi di copiatura inadeguati.

INTERNAL CONFLICT

Strategie per identificare e rompere gli schemi del pensiero negativo

Cosa sono i pensieri automatici?

I pensieri automatici sono un aspetto centrale della teoria TCC. I pensieri automatici sono quelli che ci vengono in mente rapidamente, senza sforzo. Sono brevi e correlati alla situazione specifica in questione. Si verificano durante o subito dopo il problema come risposta "istintiva". Non includono riflessione o logica attenta, ma di solito sembrano abbastanza ragionevoli. Alcuni sono perfettamente logici; altri sono noti come "pensieri automatici disfunzionali".

Se ritieni che un altro pensiero si colleghi meglio al problema, puoi invece concentrarti su quello. Oppure, se pensi che il problema alla base di quel particolare pensiero automatico non sia importante come altri problemi, puoi metterlo da parte e concentrarti su altre idee che hanno avuto un impatto più sostanziale sul tuo umore. Quando valuti una serie di pensieri automatici, valuta quanto erano intensi i sentimenti che hanno stimolato e scegli i pensieri che hanno avuto il maggiore impatto.

Spesso, questi tipi di pensieri disfunzionali derivano da distorsioni cognitive, o "trappole del pensiero", che sono essenzialmente errori che commettiamo nel processo di pensiero. I pensieri automatici tendono a rientrare in alcune categorie di distorsioni cognitive. Identificare i modelli generali può aiutare a cambiare le idee che fanno parte di quel modello. Può essere utile annotare alcuni dei tuoi pensieri automatici e poi cercare dei modi. Di seguito, elenchiamo alcuni tipi comuni di distorsioni cognitive.

Cosa sono i pensieri Invadenti?

I pensieri invadenti sono un altro tipo di pensieri comuni ma sconvolgenti. Il nostro cervello genera molti pensieri e idee nel corso di una giornata. Alcuni si sentono completamente normali, produttivi e disponibili e li consideriamo un riflesso di ciò che siamo. Alcuni di loro possono sembrare strani o confusi, ma vengono facilmente ignorati e non causano molta angoscia. Possiamo anche sperimentare pensieri che sembrano cattivi, spaventosi o disgustosi, cose che non si adattano a ciò che siamo o che ci fanno sentire malissimo ma sono difficili da eliminare. Questi sono noti come pensieri invadenti.

I pensieri intrusivi sono idee o impulsi che sono indesiderati e sconvolgenti ma continuano a verificarsi. Sono difficili da fermare o controllare, il che spesso li rende più angoscianti. Possono interrompere attività, processi mentali e provocare sentimenti di dubbio, vergogna, senso di colpa, confusione, paura e ansia. I pensieri invadenti sono sintomi comuni di disturbi d'ansia, disturbo ossessivo-compulsivo (DOC) e disturbo da stress post-traumatico, ma possono manifestarsi anche indipendentemente.

Esistono diversi tipi di pensieri invadenti, che possono essere trattati in modi diversi. Le intrusioni ossessive di solito si riferiscono a qualcosa che una persona trova sconvolgente, disgustoso o ripugnante, come violenza, atti sessuali tabù o le sue convinzioni religiose. Questi sono spesso affrontati all'interno di un quadro DOC. Le intrusioni di preoccupazione sono pensieri ansiosi su eventi o minacce futuri. Di solito, affrontare l'ansia attraverso una serie di tecniche TCC aiuterà a ridurre la frequenza e la gravità delle intrusioni di preoccupazione. Le intrusioni legate al trauma sono ricordi improvvisi di eventi traumatici passati. Affrontare i sentimenti intorno a questi eventi con un terapeuta può aiutare.

Esempi di pensieri invadenti:

Pensieri sessuali indesiderati che coinvolgono un familiare, un bambino o un animale (intrusione ossessiva)

Pensieri sessuali indesiderati che coinvolgono un collega da cui non sei attratto (intrusione ossessiva)

Pensieri di commettere un crimine o un atto violento che sai che non faresti mai, come uccidere il tuo coniuge o danneggiare il tuo bambino (intrusione ossessiva)

Paura di non essere in grado di impedirti di dire qualcosa di inappropriato in pubblico (intrusione ossessiva)

Preoccupazioni di non credere più nella propria religione, di aver pensato brevemente a qualcosa di proibito o di aver eseguito un rituale in modo errato (intrusione ossessiva) dubbi ripetuti e intensamente avvertiti sulla tua capacità di agire su un esame imminente per cui hai studiato (intrusione di preoccupazione)

• Pensieri ricorrenti e angoscianti sul contrarre una malattia rara e morire (intrusione di preoccupazione)

• Ripetuti pensieri su un evento umiliante accaduto durante l'infanzia (intrusione correlata al trauma)

• Ricordi indesiderati e sconvolgenti di un evento violento che hai vissuto da adulto (correlato a un trauma)

Queste sono solo alcune delle tante forme che i pensieri invadenti possono assumere. Molte persone sono sorprese nel rendersi conto che altri hanno sperimentato simili tipi di pensieri invadenti. Sapere questo può essere rassicurante e aiutarti a raggiungere una migliore comprensione dei pensieri intrusivi come un fenomeno comune, non una malattia o un fallimento unicamente personali.

Quasi tutti hanno pensieri invadenti, ma le persone rispondono in modi diversi. La differenza fondamentale tra le persone che non lottano con i loro pensieri invadenti e quelle che lo fanno non è che le prime non li hanno, sebbene possano sperimentarli meno frequentemente o intensamente, ma piuttosto sono in grado di respingere idee fastidiose e indesiderate come senza senso. Coloro che lottano con pensieri ossessivi tendono ad attribuire un grande significato ai pensieri e concludono che credono o sentono davvero quelle cose o che commetteranno davvero quegli atti. Cominciano a costruire una narrazione

intorno alle idee, con implicazioni sul loro carattere, comportamento e azioni future.

La cosa più importante da capire sui pensieri intrusivi è che avere solo una certa idea o immagine non significa che sia vera. Avere un pensiero invadente su un'attività violenta o sessuale inaccettabile non significa che tu voglia o commetterai effettivamente l'atto. Se sei religioso, avere un angoscioso pensiero blasfemo non significa che ci credi veramente. Sperimentare pensieri ansiosi ricorrenti su un evento futuro non significa che quelle paure siano ben fondate o che sia probabile che si verifichi il cattivo esito.

Steven Phillipson, Ph.D., è un vero esperto nel campo. Ricorda ai suoi pazienti che non sono "malati di mente". Invece, hanno semplicemente un disturbo d'ansia. Preferisce anche chiamare i pensieri invadenti "associazioni creative". Questo atteggiamento incoraggia i pazienti ad abbracciare la loro esperienza di questi pensieri comuni, anche se a volte inquietanti. Scopri di più cercando "Dr. Phillipson DOC "su YouTube.

Se i pensieri intrusivi ti stanno causando angoscia, includili nella descrizione del tuo problema.

Modelli di pensiero negativo

La terapia cognitivo-comportamentale (TCC) è un approccio alla salute mentale basato sulla ricerca che si concentra sui nostri pensieri e su come influenzano ciò che facciamo e come ci sentiamo. La CBT insegna che tutti noi abbiamo una varietà di schemi di pensiero negativi automatici che influenzano il modo in cui interpretiamo il mondo. Quando questi modelli di pensiero negativi arrivano a dominare il modo in cui pensiamo, la nostra ansia può sfuggire al controllo.

Ci sono più modelli automatici di pensiero negativo al lavoro nell'ansia. Questi tre sono particolarmente problematici:

• Pensiero in bianco e nero. È anche noto come pensiero tutto o niente. Quando pensiamo in termini assoluti, non c'è spazio per idee alternative. Potresti credere che, poiché soffri di ansia da molto tempo, non sarai mai in grado di ridurla.

• Sopravvalutare. Ciò implica prendere un problema ed esagerarlo, gonfiarlo, in modo che si applichi a tutto. Un errore sul lavoro significa che sei incompetente in tutto.

• Saltare alle conclusioni. Con questa convinzione negativa, potresti leggere nella mente, "sapendo" che qualcuno non uscirà per un appuntamento con te, o potresti indovinare, "sapendo" quale cosa negativa accadrà lungo la strada.

Quando osservi i tuoi pensieri, notandoli senza giudicarli, potresti iniziare a vedere emergere schemi. Tendi ad essere un pensatore in bianco e nero? Leggi nel pensiero, supponendo che tu sappia cosa sta pensando qualcuno? Presta attenzione al contenuto dei tuoi pensieri e allo stile o al modello che li guida. Questo ti aiuterà a riprenderti ea cambiare la natura di ciò che stai pensando.

La soluzione: vedere i nostri pensieri in modo obiettivo

I nostri pensieri appiccicosi raccolgono più pensieri, ma perché questo accade così rapidamente? Perché un minuto possiamo notare un mal di stomaco e un minuto dopo chiamare il nostro medico, convinti di avere un'ulcera sanguinante? In parte,

è perché in genere non passiamo molto tempo a esaminare le qualità dei nostri pensieri o a valutare quanto siano realistici: li abbiamo e poi reagiamo.

Imparare a guardare i tuoi pensieri in modo più obiettivo ti permetterà di liberarti gradualmente da essi, il che può essere molto liberatorio! Riconoscere i pensieri per quello che sono - impressioni e idee che saranno presto sostituite dalla prossima cosa che ti passerà per la mente - può aiutare a rompere l'abitudine di scambiare il pensiero per la realtà.

Per iniziare questo processo, diamo un'occhiata ad alcune idee sbagliate comuni sui pensieri.

A differenza delle emozioni, i pensieri sono reali. FALSO! I pensieri non sono fatti, anche se è facile dimenticarli. Gli esseri umani tendono a credere ciecamente in tutti i nostri pensieri. Tuttavia, la maggior parte delle volte, non possiamo fidarci che i nostri pensieri siano accurati e imparziali. Prendi questo esempio di come i pensieri possono portarti fuori strada: immagina di camminare lungo un corridoio al lavoro. Oltrepassi il tuo capo e la saluti, ma lei non guarda nemmeno nella tua direzione. I tuoi pensieri ansiosi ti dicono che hai fatto qualcosa di sbagliato e l'hai fatta arrabbiare, che potresti persino essere licenziato. Trascorri la giornata preoccupandoti malato. Quello che i tuoi pensieri non sanno è che il suo capo aveva convocato il tuo capo e lei stava andando a una riunione importante.

Preoccupata, non ti ha sentito salutarla. I tuoi pensieri ti sembravano veri, ma erano falsi.

I nostri pensieri sugli eventi intorno a noi riflettono accuratamente gli eventi stessi. FALSO! I nostri pensieri su ciò che sta accadendo intorno a noi non sono gli stessi degli eventi reali che accadono intorno a noi. I nostri pensieri sono interpretazioni di ciò che sta accadendo, non registrazioni oggettive di eventi. Ma le nostre menti spesso danno ai pensieri e alla realtà lo stesso peso, il che contribuisce all'ansia. Ad esempio, vedi il tuo partner che abbraccia qualcun altro. I tuoi pensieri corrono con la preoccupazione, dicendoti che il tuo partner potrebbe avere una relazione. , questa persona che ami sta confortando un collega il cui cane è morto ieri. L'evento e i tuoi pensieri ansiosi sull'evento sono cose diverse.

I nostri pensieri colmano il divario tra ciò che la gente dice e ciò che la gente intende. FALSO! I nostri pensieri cercano di colmare le lacune, ma molte volte non ci sono lacune da colmare. O se ci sono, i nostri pensieri non possono sapere cosa dovrebbe esserci negli spazi vuoti.

Guardando i tuoi pensieri fluttuare via

Tutta la nostra attenzione è dedicata alla nostra ansia quando combattiamo contro le nostre preoccupazioni. Quindi, invece di seguire i tuoi pensieri, discutere con loro o credergli, separati da loro. Metti un po 'di distanza tra te e i tuoi pensieri ansiosi guardandoli fluttuare via. Lasciateli venire (perché non importa quanto duramente resisti, i pensieri ansiosi continuano a saltar fuori nelle nostre teste), e poi lasciali fluttuare. Non possono attaccarsi a te perché non sei coinvolto con loro.

Esercizio FAI FLUTTUARE VIA I TUOI PENSIERI (12 MINUTI)

Esegui questa meditazione di consapevolezza e impara a guardare i tuoi pensieri semplicemente fluttuare via.

Mettiti comodo. Siediti o sdraiati in una posizione comoda.

Metti un timer di 12 minuti.

Chiudi gli occhi. Fai dei respiri profondi

Visualizza te stesso in una luminosa giornata di sole seduto in un prato, circondato da denti di leone che sono andati a seminare e diventano sbuffi rotondi, bianchi e sfocati.

5. Visualizza te stesso mentre prendi un dente di leone e lo tieni davanti al viso.

6. Quando arriva un pensiero, immagina quel pensiero fuori di te sul dente di leone.

7. Inspirate lentamente e profondamente ed espirate con forza, soffiando i semi bianchi, i vostri pensieri, nella brezza. (Nota: anche se viene visualizzato il dente di leone, inspira profondamente ed espira come se soffiassi via i semi.)

8. Osserva i tuoi pensieri che fluttuano via, su nel cielo e fuori dalla vista. Non seguirli e non cercare di forzarli fuori dalla tua testa. Guardali galleggiare.

9. "Scegli" un nuovo fiore e ripeti il processo finché non suona il timer. Continua più a lungo se lo desideri.

10. I tuoi pensieri potrebbero venire più velocemente di quanto li stai soffiando via, soprattutto all'inizio. Va bene. Continua a respirare, a soffiare e a guardare i tuoi pensieri che volano via.

11.L'ansia spesso ci impedisce di divertirci, quindi aggiungiamo una componente ludica a questo esercizio. Invece di visualizzare un soffio di tarassaco, soffia fisicamente delle bolle e osserva i tuoi pensieri fluttuare e saltare via.

La soluzione al pensiero eccessivo e ai pensieri di corsa dell'ansia è focalizzare la tua attenzione sul momento presente. Invece di lottare con i tuoi pensieri ansiosi, abbraccia il momento in cui ti trovi. Forse sorprendentemente, con la consapevolezza del momento presente, non proverai a fermare i tuoi pensieri o discutere con loro. Anche se resistere all'ansia potrebbe sembrare la soluzione più ovvia, a quanto pare non funziona mai.

Se hai mai provato a convincere un bambino piccolo a smettere di fare i capricci dicendogli di "smetterla" o litigando con lui, sai che lottare in questo modo intensifica solo il comportamento che stai cercando di fermare. I nostri pensieri, in particolare quelli ansiosi, possono essere come i bambini che fanno i capricci. Più combattiamo con loro, più rumorosi e persistenti diventano.

Invece, allenarti ad essere consapevolmente consapevole di ciò che sta accadendo in questo momento, in questo momento, sposta la tua attenzione. I pensieri ansiosi sono ancora lì. Stai solo prestando meno attenzione a loro. Come il bambino piccolo, l'attenzione è ciò che vogliono questi pensieri e, quando li privi di essa, gradualmente perdono forza. Man mano che affini l'abilità della consapevolezza focalizzata, diventi più consapevole di te stesso e di ciò che ti circonda. La consapevolezza riequilibra il pensiero e riduce l'ansia. Perché mentre l'ansia è focalizzata sul passato o sul futuro, la consapevolezza è radicata nel presente.

Per praticare la consapevolezza del momento presente, presta intenzionalmente attenzione al presente con tutti i sensi che è pratico al momento. I nostri pensieri possono intralciare la nostra capacità di sperimentare la vita in tutta la sua complessità sensoriale. Ma apparendo intenzionalmente in questo momento, tutti i suoni, le viste e gli odori che l'accompagnano aiutano a iniziare a spostare i tuoi pensieri ansiosi verso quelli più concentrati.

La consapevolezza è uno strumento che puoi utilizzare per domare i tuoi pensieri, ridurre l'ansia e concentrarti completamente su ciò che stai facendo qui e ora. In questo modo, coltiverai il tuo senso di pace, equanimità e gioia, cose che sono molto più piacevoli e divertenti che sentirti ansioso per ciò che è accaduto in passato o per ciò che potrebbe accadere in futuro.

Un'ultima breve nota prima di immergerci negli esercizi: avrai l'opportunità di imparare e praticare molte diverse attività di consapevolezza mentre leggi questo libro. Alcune importanti linee guida ti aiuteranno a trarne pieno vantaggioncorporare i principi di assenza di giudizio, pazienza e mente del principiante.

Non esistono cose come giuste o sbagliate quando fai questi esercizi. La consapevolezza non è l'assenza di ansia o pensieri frenetici. È il processo per riportare la nostra mente indietro da questi e nel momento presente.

Il punto non è cercare di sconfiggere l'ansia o forzare un nuovo modo di pensare. Invece, stai aggiungendo delicatamente un nuovo modo di essere che, per impostazione predefinita, ridurrà l'ansia.

Si semplice: permetti alle cose di essere come sono, incluso te stesso.

Strategie per gestire e superare la rabbia eccessiva

Cosa causa la Rabbia?

Ovviamente ognuno di noi ha persone, situazioni e circostanze diverse che li fanno arrabbiare. Va e viene a ondate e talvolta può diventare piuttosto intenso. Se diventa particolarmente intenso, potresti perdere il controllo di te stesso e del modo in cui reagisci. La rabbia può influenzare sia te che coloro che ti circondano e potrebbe renderti più difficile affrontare adeguatamente le situazioni. Puoi giustificare la tua rabbia o sentire il bisogno di dimostrarlo per ottenere ciò che desideri. Alcuni credono addirittura che sia un modo migliore per mostrare i propri sentimenti, poiché è un'emozione "potente". Questa emozione può avere un effetto molto negativo su di te ed è importante capire perché accade e cosa lo causa.

La rabbia è un'emozione istintiva. È il modo in cui si risponde a una minaccia percepita e può farti sentire teso e aumentare la frequenza cardiaca. Quando sei arrabbiato, il tuo corpo cercherà di farti combattere qualunque cosa sia

questo ti turba o ti fa sentire stressato. Sebbene possa essere utile in alcuni modi e in determinati momenti, certamente non è il modo migliore per rispondere a ogni situazione che ti capita.

Ci sono diversi fattori scatenanti per la rabbia. Potresti arrabbiarti a causa dell'impazienza. Forse sei in fila, in attesa che accada qualcosa, o qualcuno è in ritardo. Potresti arrabbiarti per il fatto che le cose non vanno pianificate e diventare arrabbiato di conseguenza. La rabbia può anche derivare dalla tristezza. Potresti sentirti deluso da qualcuno o qualcosa. Forse qualcuno ti ha criticato e tu l'hai preso sul personale. All'inizio potresti sentirti triste o generalmente arrabbiato per qualcosa che è successo. Quindi, puoi usare la rabbia come modo per affrontare ciò che ti turba. Invece di dispiacerti per essere stato criticato, puoi arrabbiarti con la persona che l'ha detto per averlo detto in primo luogo. La rabbia può anche derivare da ricordi di eventi sconvolgenti come traumi o eventi anche più piccoli. Forse pensi a quella persona che ti ha interrotto in autostrada o all'ora in cui il tuo amico è arrivato in ritardo per la tua festa di compleanno. Non è nemmeno necessario che qualcosa accada nel momento esatto in cui ti trovi perché tu provi rabbia. Può derivare semplicemente dal ricordo di qualcosa che in precedenza ti ha sconvolto. L'irritazione può anche verificarsi in futuro. Forse sei sconvolto dal fatto che non hai il controllo della tua vita o non sai cosa accadrà.

La rabbia è anche molto individuale. Uno può arrabbiarsi per qualcuno che mastica con la bocca aperta, mentre un altro potrebbe non preoccuparsene affatto. Avrai scatti individuali che derivano dalle tue preferenze personali. I fattori scatenanti possono anche essere influenzati da fattori esterni come il modo in cui sei cresciuto, le persone di cui ti circondi e il tuo ambiente. Puoi imparare a gestire i tuoi problemi anche da chi ti circonda.

Fermare e Prevenire la Rabbia?

Può sembrare che ti faccia bene sfogare la rabbia ogni tanto; tuttavia, è ancora più importante essere in grado di gestire adeguatamente la tua rabbia. Non è salutare per te sfogare la tua rabbia sugli altri. Inoltre, non è salutare arrabbiarsi molto spesso o per lunghi periodi di tempo. Devi imparare come calmarti quando sei arrabbiato e come impedire a te stesso di arrabbiarti in primo luogo. Scoprire come gestire la tua rabbia può davvero aiutarti a vivere la tua vita migliore ed essere più felice.

Ci sono alcuni modi in cui puoi gestire la tua rabbia. Puoi provare a esprimere la tua rabbia e sfogarla. Questo può comportare che parli con qualcuno di ciò che ti turba o che scrivi come ti senti. Potrebbe anche comportare la ricerca di uno sbocco per farti uscire. Potresti prendere in considerazione di fare una sorta di attività fisica come la boxe o la corsa per usare le tue emozioni a tuo vantaggio. Esprimere la tua rabbia può anche avere un lato malsano. Puoi ricorrere a violenti esplosioni fisiche o verbali. Forse sfoghi la tua rabbia sugli altri denigrandoli o trattandoli male. Alcuni affrontano la loro rabbia lanciando o sbattendo oggetti. È importante essere in grado di scegliere un modo sano per esprimere la tua rabbia se desideri dirlo quando si verifica.

Un altro modo in cui alcuni scelgono di affrontare la propria rabbia è attraverso la repressione. Questo è un modo malsano per affrontare la tua rabbia, poiché in realtà non la stai affrontando e risolvendo alcun problema. Invece di aiutare te stesso ad affrontarlo in modo sano, scegli di ignorare l'emozione e cerchi di nasconderla a te stesso e agli altri. Ciò può provocare in seguito una sensazione di rabbia ancora peggiore. Potrebbe anche farti mantenere la rabbia e accenderla su te stesso. Quando lo fai, ti arrabbierai con te stesso e ti guarderai in una luce più negativa. Puoi anche provare a sopprimerlo, ma senza successo. Gli altri possono ancora notarlo quando sei sarcastico o passivo-aggressivo. È meglio riconoscere le tue emozioni invece di cercare di ignorarle.

Puoi anche provare a calmarti. Questo è diverso dal sopprimere le tue emozioni. Riconosci di essere arrabbiato e desideri aiutare te stesso a entrare in uno stato mentale migliore. È importante trovare ciò che ti calma. Potrebbe esprimere la tua rabbia o condividere le tue emozioni con gli altri. Ci sono molti modi per rilassarsi e sarà diverso per tutti. Alcuni preferiscono fare un bel bagno caldo per calmarsi. Forse ti piace meditare o semplicemente stare in silenzio in modo che tu possa concentrarti e rilassarti. Potrebbe esserci un hobby o un'attività insensata che preferisci fare. La musica può essere un ottimo modo per calmarti.

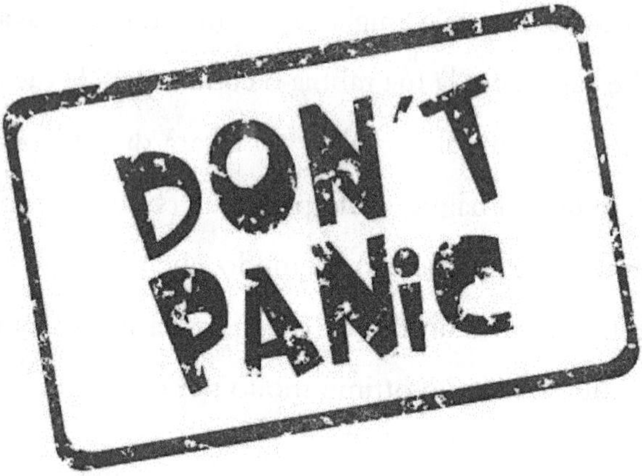
DON'T
PANIC

Strategie per superare la preoccupazione, l'ansia, la paura, il panico e la depressione

Il comportamento cognitivo segue un sistema specifico che ti consente di implementare efficacemente questa pratica e provare pieno sollievo attraverso i tuoi sforzi. Inizia facendoti identificare quali sono i processi di pensiero originali che stanno creando la tua risposta emotiva indesiderata, e poi si sposta dentro di te trovando un modo per interrompere quei pensieri, in modo da poter eliminare comportamenti indesiderati.

Quando riesci a identificare il motivo principale per cui stai sperimentando risposte emotive al tuo ambiente, puoi facilmente iniziare a cambiarlo e permetterti di crescere oltre la tua ansia e depressione.

Mentre esegui i seguenti cinque passaggi, renditi conto che dovrai applicarli a ogni singolo trigger che sperimenterai, in modo da poter eliminare completamente tutti i tuoi scatti emotivi.

Questo può richiedere del tempo, in particolare se hai lottato per una quantità significativa di tempo, perché potrebbero esserci molti fattori scatenanti su cui lavorare. Inoltre, ci vorranno diversi passaggi di ogni stimolo per riqualificare il tuo cervello a rispondere in un modo nuovo rispetto al modo in cui ha reagito da sempre.

Se vuoi provare sollievo completo dalla tua ansia e depressione, tuttavia, dovrai mantenere la tua fede e continuare il processo anche quando non sembra che funzioni, poiché potrebbe essere necessario del tempo prima che il tuo cervello si adatti.

Più corri attraverso la tua nuova reazione ai fattori scatenanti, più proverai sollievo dall'ansia e dalla depressione.

Per questo motivo, devi eseguire i nuovi movimenti anche se non ti sembra che funzionino perché, anche se non puoi sentire risultati immediati, lo sono.

Inoltre, per aiutarti a provare un sollievo completo, dovresti concentrarti sul lavoro prima sui trigger più grandi e poi passare alla gestione dei trigger più piccoli in seguito.

Tentare di annullare immediatamente ogni trigger può essere opprimente e potrebbe farti lottare per mantenere i tuoi cambiamenti. Concentrandoti prima sulle cose più importanti, puoi eliminare i fattori scatenanti travolgenti e ritrovarti a provare un sollievo significativo piuttosto rapidamente.

Potresti scoprire che, attraverso questo, alcuni dei tuoi trigger più piccoli si dissolvono naturalmente perché non stai più vivendo in uno stato così elevato di sopraffazione e stress.

Una volta che questi stress maggiori sono stati eliminati, se ti ritrovi a dover affrontare eventuali inneschi residui, puoi affrontarli nello stesso modo in modo da poterli eliminare anche tu. In questo modo, puoi provare un sollievo completo dalla tua ansia o depressione.

Passaggio 1: individuare il problema principale

Il primo passo per affrontare l'ansia o la depressione attraverso la CBT è identificare il problema alla radice che è responsabile della causa dei tuoi episodi di ansia o depressione. Nella TCC, questo problema alla radice si riferisce alla condizione ambientale che ti sta causando una specifica su quella condizione, che successivamente porta alle tue esperienze emotive. Il modo migliore per iniziare a identificare il problema o i problemi alla radice è sedersi con un diario e annotare tutto ciò che ti fa sentire ansioso o depresso. Sii molto chiaro sulle specifiche intorno a queste esperienze in modo da sapere esattamente cosa sta stimolando la tua risposta emotiva indesiderata. Ad esempio, se la tua famiglia ti rende ansioso, sii molto chiaro su quali membri della famiglia stanno causando la tua ansia e cosa stanno facendo, il che si traduce in te sperimentando le tue risposte ansiose. Questa chiarezza ti consentirà di individuare il momento esatto in cui l'ansia inizia nelle tue esperienze quotidiane con questi individui.

Quella capacità di individuare il momento esatto ti darà la consapevolezza di cui hai bisogno per identificare il momento in azione in modo da poter applicare le tue altre pratiche TCC per aiutarti a superare le tue risposte.

Assicurati di essere esaustivo con questo elenco, anche se non hai intenzione di affrontare subito ogni singola circostanza. Sviluppare la consapevolezza su ciò che ti spinge a generare questi sentimenti è una parte importante per essere in grado di mitigare efficacemente la tua risposta all'esperienza ambientale stessa.

La creazione di obiettivi specifici ti garantirà di sapere esattamente quali azioni vuoi evitare di ripetere e con quali nuovi comportamenti vuoi sostituire i tuoi vecchi. Ciò garantirà che tu possa vedere quanto stai progredendo e che puoi apportare modifiche lungo il percorso se scopri che non stai progredendo così velocemente come vorresti.

Dopo aver creato i tuoi obiettivi, la prossima cosa che devi fare è identificare esattamente cosa sta succedendo nella tua mente quando si verifica la causa principale delle tue emozioni. Chiediti quali pensieri hai durante quelle esperienze e in che modo quei pensieri stanno contribuendo allo sviluppo della tua ansia.

Ad esempio, forse quando provi l'ansia del tuo capo che vuole parlare con te, i tuoi pensieri immediati sono: "Cosa ho fatto di sbagliato? Perché non riesco mai a fare niente di giusto? Verrò licenziato, non potrò permettermi l'affitto o il cibo, sarò un senzatetto e affamato! Perché non posso fare niente di giusto? "

Questi pensieri innescheranno una risposta ansiosa perché la tua paura immediata è che in qualche modo rischi di perdere la tua vita e lo stile di vita che ti sei creato. Se non sei a conoscenza dei pensieri esatti che stai vivendo, potresti prendere in considerazione l'utilizzo di un registro dei pensieri, che è uno strumento comunemente usato nella TCC.

La registrazione del pensiero ti consente di registrare le tue idee durante le tue esperienze ansiose, in modo da poter iniziare a identificare esattamente ciò che stai vivendo nei tuoi momenti di ansia. Nel registro dei tuoi pensieri, devi includere il tempo, il fattore scatenante esterno, l'idea, l'intensità del pensiero e l'intensità della tua risposta emotiva.

Tenere un registro di questi può aiutarti a identificare dove si trovano le tue esperienze problematiche e cosa devi aggiustare nella tua mente attraverso il processo TCC per eliminare le tue risposte ansiose. Potresti considerare di utilizzare la registrazione del pensiero durante l'intero processo per aiutarti a tenere traccia dei tuoi miglioramenti se hai difficoltà a vedere la tua crescita dentro di te.

Passaggio 2: Scrivi autoaffermazioni

Le autoaffermazioni si riferiscono ai pensieri che stai vivendo nella tua mente riguardo a te stesso e al modo in cui ti vedi nelle varie circostanze della tua vita.

Le nostre autoaffermazioni sono generalmente divise in due categorie: positive e negative. Le autoaffermazioni positive sono il modo in cui ci rafforziamo dall'interno ed essenzialmente ci lodiamo per un comportamento positivo o per qualcosa che riteniamo di aver fatto bene Ad esempio, se sei stato elogiato dal tuo capo per aver fatto un ottimo lavoro in un recente progetto, le tue auto-affermazioni potrebbero essere: "Wow, sono bravo in quello che faccio! Sono una persona fantastica! "

In alternativa, le autoaffermazioni negative sono il modo in cui ci rimproveriamo per aver fatto qualcosa che riteniamo sia stato fatto male o sbagliato.

Ad esempio, se il tuo capo ti dicesse che devi fare di meglio perché non è rimasta colpita dalla tua recente performance, potresti invece pensare: "Wow, faccio schifo. Guarda come mi sono comportato male. Sono una brutta persona."

Per le persone che soffrono di ansia o depressione, si può benissimo garantire che stanno anche sperimentando affermazioni negative nelle loro menti.

Spesso, quando provi ansia o depressione, le tue autoaffermazioni sono estremamente negative. E potresti persino ripeterli più e più volte nella tua mente mentre essenzialmente ti punisci per essere "cattivo".

Gli studi hanno dimostrato che le autoaffermazioni negative sono qualcosa che usiamo per tentare di persuaderci a comportarci meglio credendo che esercitando un'elevata pressione contro il fare qualcosa di sbagliato, possiamo incoraggiarci a cambiare.

Sfortunatamente, questo non è corretto, poiché le autoaffermazioni negative non ti incoraggeranno a cambiare il tuo comportamento, ma invece potrebbero aumentare i tuoi comportamenti negativi o le tue risposte emotive aumentando i tuoi livelli di stress interno.

Quello che devi fare invece è usare affermazioni positive che ti incoraggiano a guardare oltre i tuoi fallimenti e iniziare a vedere le aree della tua vita in cui stai facendo cose positive. In un certo senso, vuoi usare queste affermazioni per aiutarti a vedere "il rivestimento d'argento" nei tuoi comportamenti.

Ora che hai già un'idea di quali sono le tue aree problematiche più grandi e quali sono i tuoi pensieri su quelle aree problematiche, puoi probabilmente identificare le aree in cui potresti sperimentare auto-affermazioni negative.

Con chiarezza su quali siano queste affermazioni, puoi iniziare a riscrivere consapevolmente e intenzionalmente quelle affermazioni per eliminare lo stress che stai vivendo in relazione alle tue condizioni ambientali.

Riscrivere queste affermazioni ti richiederà di fare due cose:

Per prima cosa, devi riscrivere intenzionalmente l'affermazione, in modo da avere qualcosa di positivo da dire a te stesso quando il tuo trigger viene stimolato.

In secondo luogo, devi assicurarti di utilizzare quelle affermazioni quando i tuoi trigger vengono stimolati, in modo da poter iniziare a sperimentarne i benefici positivi. Alcune persone chiamano questo "usare le affermazioni" perché il tuo obiettivo è quello di affermare le tue autoaffermazioni positive a te stesso abbastanza spesso da far sì che le tue affermazioni negative inizino a dissolversi e inizi a credere sinceramente alle affermazioni positive di te stesso.

All'inizio, potresti avere difficoltà a credere a queste affermazioni di te stesso perché sei così abituato ad accettare e ad attaccarti alle affermazioni di te stesso negative che ti sei nutrito. Mentre continui ad affermare queste nuove autoaffermazioni positive a te stesso; tuttavia, scoprirai che inizi a credergli e ti senti meglio con te stesso.

Il modo migliore per iniziare a scrivere autoaffermazioni positive è sedersi con il registro dei pensieri e identificare come puoi capovolgere completamente il copione sulle tue affermazioni negative a cui ti aggrappi.

Passaggio 3: Trova nuove opportunità per il pensiero positivo

Oltre a riscrivere le tue autoaffermazioni, dovresti anche cercare nuove opportunità per pensare positivo anche quando il grilletto non è stato necessariamente premuto.

Trovare nuove opportunità per pensare positivamente in situazioni che ti hanno portato a sentirti tremendamente negativo può riqualificare il tuo cervello per vedere le cose in una luce più positiva, comprese quelle cose che ti hanno portato ansia.

Queste nuove opportunità dovrebbero essere ricercate quando senti uno stato mentale pacifico o neutro, in modo da poter iniziare ad adattare i tuoi sentimenti generali al fattore scatenante in generale. In questo modo, non ti ritroverai a vivere in un costante stato di disagio, preoccupazione o prontezza mentre cerchi di rimanere preparato a rispondere alle cose che ti portano ansia o depressione nella tua vita.

Ad esempio, supponiamo che tu provi ansia perché un tuo collega è un bullo e ti ha ripetutamente trattato male nel corso degli anni nonostante i tuoi migliori sforzi per migliorare la situazione e migliorare le condizioni di lavoro per te stesso.

Forse provi un attacco di panico solo dopo che il bullismo è iniziato, ma per questo motivo ti accorgi di sentirti nervoso ogni volta che quel collega è programmato per lavorare lo stesso turno di te.

Potresti persino trovarti nervoso ogni volta che qualcun altro fa apparire il nome di quel collega perché sei così ansioso per le esperienze negative che

132

hai avuto con questa persona in passato. Di conseguenza, il tuo stato d'animo costante sarà negativo e nervoso nei confronti di questa persona, il che aumenterà ulteriormente le tue risposte ansiose ogni volta che questa persona ti fa il prepotente.

Non solo questo aumenterà le tue risposte emotive indesiderate, ma ridurrà anche la tua capacità di difenderti e far valere i tuoi limiti intorno a questa particolare persona. Di conseguenza, l'esperienza indesiderata continuerà a verificarsi indipendentemente da ciò che fai.

Trovando un nuovo modo di pensare positivamente alle tue esperienze di ansia e in generale, autorizzi la tua mente a spostarsi in uno stato di riposo piuttosto che esistere in uno stato di preoccupazione cronica. In questo modo, è molto più probabile che gestirai le tue emozioni in un modo più significativo ed efficace che ti consenta di ottenere i risultati che desideri o di cui hai bisogno dall'esperienza indesiderata.

Puoi farlo creando intenzionalmente il tempo per monitorare e regolare i tuoi pensieri attorno al trigger stesso, anche quando non sei attivamente attivato. Mentre rifletti sui pensieri intorno a questa sconvolgente esperienza, considera come suonano le tue idee e inizia a riscriverle.

Passaggio 4: Implementa una pratica di visualizzazione quotidiana

Un altro potente strumento comunemente usato nella CBT è la visualizzazione, poiché ti aiuta a vedere te stesso comportarti in modo diverso da come ti comporti normalmente nella tua vita.

Con la visualizzazione, puoi vedere le tue esperienze scatenanti e quindi osservare intenzionalmente te stesso mentre rispondi a quelle esperienze scatenanti in modo più positivo e consapevole. È stato dimostrato che visualizzare te stesso comportandoti in modo diverso insegna al tuo cervello come reagire in modo diverso in situazioni che ti hanno portato a sperimentare fattori scatenanti ansiosi o depressi.

In uno studio condotto presso l'Università di Chicago dal dottor Biasiotto, ha scoperto che incoraggiando i giocatori di basket a visualizzare se stessi mentre praticano il basket, potrebbero sperimentare un miglioramento significativo delle loro abilità. Il dottor Biasiotto ha scoperto attraverso il suo studio che i giocatori che praticavano il gioco e quelli che visualizzavano solo la loro pratica e non si allenavano mai fisicamente erano quasi alla pari per i loro miglioramenti nelle loro prestazioni.

Se visualizzare se stessi mentre praticano il basket senza mai esercitare attivamente le proprie abilità può aiutare i giocatori di basket a migliorare le proprie capacità, immagina cosa può fare per te quando si tratta di sopportare i tuoi stessi trigger? La visualizzazione è un potente aiuto, ed è proprio per questo che è una parte così fondamentale della TCC.

Attraverso la visualizzazione, puoi iniziare ad allenare il tuo cervello per migliorare il modo in cui risponde ai trigger negativi, il che alla fine può portarti a eliminare quei trigger a lungo termine!

Per iniziare a utilizzare la visualizzazione nella tua pratica CBT, tutto ciò che devi fare è considerare i tuoi maggiori fattori scatenanti e passare un po 'di tempo a visualizzare come risponderesti diversamente se sentissi di avere più controllo in quelle situazioni.

Ad esempio, potresti soffrire di depressione ogni volta che ti rendi conto che stai cercando di costruire un'impresa, ma non puoi guadagnare alcun reddito attraverso la tua azienda. Forse ti senti un fallimento e forse essere un imprenditore non fa per te perché non puoi creare alcun successo nella tua impresa, e quindi ti senti piuttosto giù su te stesso.

Nella tua visualizzazione, immagineresti quindi di gestire le tue battute d'arresto con maggiore intenzione e successo, in modo da poter iniziare a guadagnare denaro attraverso la tua attività.

Visualizzando te stesso chiudendo le vendite e attirando facilmente i clienti nella tua attività, puoi iniziare a cambiare il modo in cui ti avvicini alla tua attività e la fiducia che hai in te stesso come imprenditore.

Di conseguenza, probabilmente vedrai maggiori miglioramenti nella tua azienda e una maggiore motivazione dentro di te per creare quei miglioramenti, piuttosto che sentimenti di sconfitta e depressione. Dovresti impegnarti nella tua pratica di visualizzazione per almeno 10 minuti ogni singolo giorno, poiché la ricerca ha dimostrato che 10 minuti è la quantità di tempo di cui hai bisogno per cambiare l'intera tua esperienza.

Quindi, chiudi gli occhi e visualizza la tua capacità di successo di navigare in esperienze impegnative per 10 minuti. Più lo fai, più sentirai fiducia in questa particolare area della tua vita e più facile sarai in grado di affrontarla con successo nella vita reale.

Passaggio 5: Accettare delusioni e dolore

L'ultima parte della TCC è che dovrai imparare come accettare la delusione e il dolore. Sebbene imparerai di più su questo all'interno di ACT, è anche una parte fondamentale della TCC, poiché questa accettazione ti consente di realizzare che potresti non essere mai in grado di eliminare completamente il trigger che stai affrontando nella tua vita.

Invece, potresti semplicemente dover essere disposto ad accettare che sarà sempre difficile per te navigare e che dovrai sempre esercitare una quantità consistente di sforzo per navigare con successo.

Quando puoi accettare che le cose potrebbero non essere mai grandiose, puoi smettere di credere che tutto cambierà e improvvisamente sarà più facile per te.

Ad esempio, se riesci ad accettare che tua madre sarà sempre scortese nei tuoi confronti perché hai deciso di lasciare il college per viaggiare per il mondo, i suoi continui colpi verso di te per la tua decisione non faranno più così male.

Potrebbero comunque essere fastidiosi e potrebbero comunque farti sentire male, ma attraverso l'accettazione e l'implementazione di altre pratiche TCC, non ti faranno più avere risposte emotive così intense nei loro confronti.

Creare accettazione attorno a cose che non puoi controllare e accettazione attorno a sentimenti di delusione e dolore in sé e per sé può creare una quantità significativa di pace dentro di te perché smetti di cercare di scappare.

Piuttosto che cercare di sfuggire al dolore o allo stress, puoi semplicemente riconoscerlo per quello che è e apprezzare che esisterà sempre per te. Tuttavia, poiché non stai più cercando di sfuggirgli, smetti di creare delusioni e dolori inutili nella tua vita lasciando che la sofferenza ti consumi.

Di conseguenza, puoi ridurre al minimo l'impatto del grilletto e provare un sollievo significativo intorno ad esso.

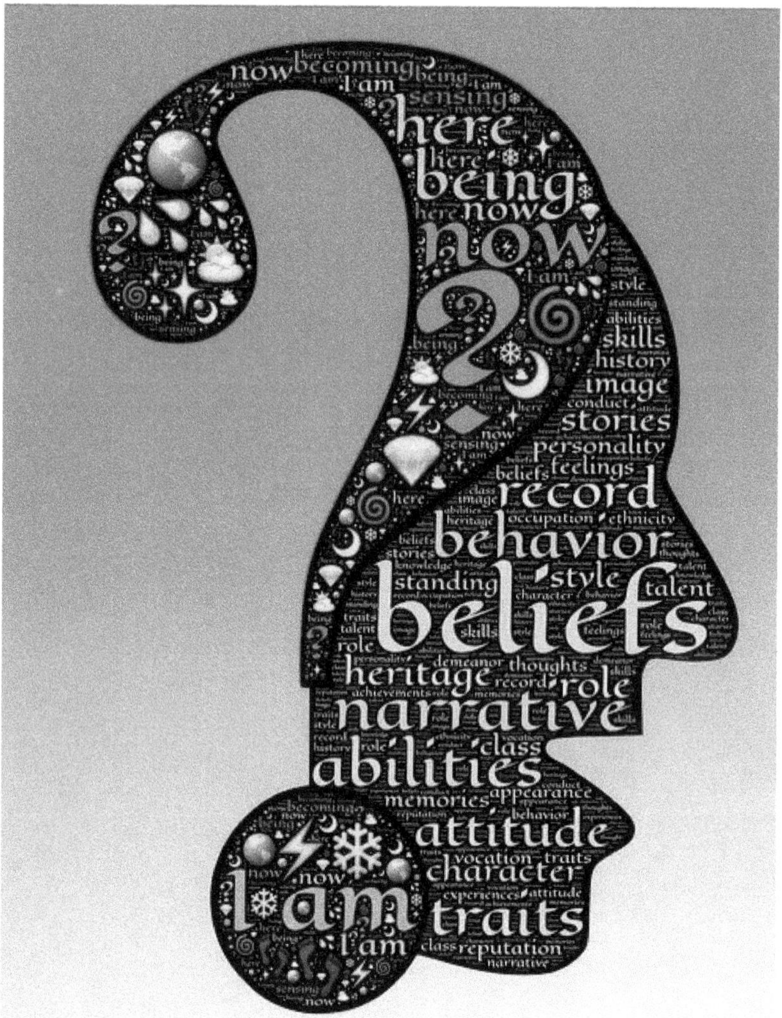
now
becoming
being
I am
sensing
here
here
I am
being
here
now
now
I am
style
standing
abilities
skills
history
image
conduct
stories
personality
feelings
beliefs
record
occupation
ethnicity
behavior
stories
knowledge
standing
style
talent
beliefs
skills
feelings
role
heritage
demeanor
thoughts
record
role
achievements
narrative
record
history
role
class
abilities
memories
appearance
behavior
attitude
vocation
traits
character
experiences
attitude
I am
traits
now
now
I am
class
reputation
narrative
sensing
now

Strategie per cambiare le tue convinzioni fondamentali.

Le convinzioni fondamentali sono le convinzioni che hai su te stesso. Possono essere negativi o positivi, ma colorano ogni interazione che hai con gli altri e come percepisci il mondo che ti circonda. Queste convinzioni fondamentali sono in gran parte inconsce, ma possono essere identificate attraverso molta introspezione e auto-riflessione. Queste convinzioni sono tipicamente sviluppate per un lungo periodo, tipicamente a partire dall'infanzia o attraverso eventi significativi della vita. Queste sono credenze tipicamente rigide. Reagirai in base a loro, arrivando anche al punto di forzare inconsciamente ciò che sta accadendo intorno a te per adattarsi alle convinzioni fondamentali mentre neghi o ignori tutto ciò che lo contraddice.

Ad esempio, qualcuno con la depressione può considerare ogni interazione negativa che ha come un segno che è indegno di amore o inutile per tutti quelli che lo circondano. Tuttavia, sarà praticamente cieco a ogni istanza di coloro a cui importa di lui che si fanno in quattro per dimostrare che si preoccupano, come inviargli uno sciocco testo di un meme che dicono su Internet che sanno che apprezzerà o che avrà il suo cibo preferito che gli viene consegnato il giorno del suo compleanno.

Queste convinzioni fondamentali possono essere distorsioni cognitive o colorate da pensieri automatici negativi, che sono importanti da comprendere. Una volta che sai come ti senti riguardo a te stesso, puoi decidere se ti piace come ti senti. Se lo fai, sai di essere al sicuro con te stesso. In caso contrario, puoi iniziare i passaggi della ristrutturazione cognitiva per modificarli.

Identificare le tue convinzioni fondamentali

Pensa ai pensieri automatici negativi che spesso ti vengono in mente. Noti messaggi ripetitivi?

Puoi registrare quei pensieri nell'anello esterno della figura visualizzata qui se hai lavorato per identificare e modificare i tuoi pensieri automatici.

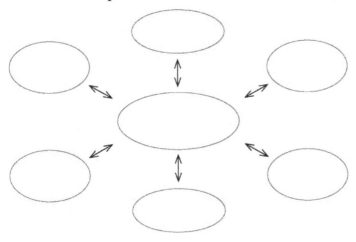

Mentre consideri questi pensieri automatici, trovi una convinzione centrale che li unisce tutti? In tal caso, scrivilo nello spazio al centro. Ad esempio, Esther aveva molta ansia per la sua salute. Ha completato il diagramma delle   convinzioni   fondamentali   di   seguito:

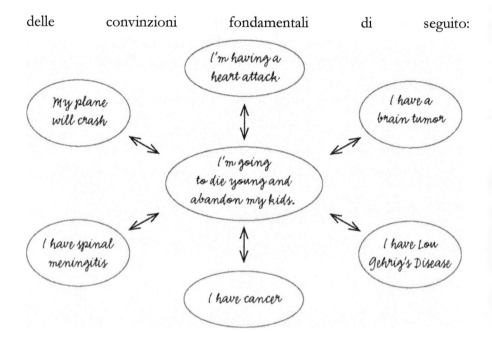

Quando Esther volava su un aereo, interpretava ogni colpo di turbolenza come un segno di un incidente imminente. Potremmo aspettarci che molti atterraggi sicuri indeboliscano la sua paura di volare poiché forniscono prove contro la sua paura. Tuttavia, le convinzioni fondamentali agiscono come un filtro che lascia entrare solo le informazioni che confermano i nostri sospetti. Ogni volta che Esther volava, aveva pensieri automatici come "Stiamo perdendo quota!" questo le fece pensare di essere scampata per un pelo a una morte prematura. Piuttosto che sentirsi più al sicuro, era convinta di non essere così fortunata l'altra volta.

Come ha imparato Esther, le convinzioni fondamentali ei pensieri automatici agiscono in modo autoalimentato, essendo ciascuno la causa e la conseguenza dell'altro. Man mano che diventi più consapevole dei tuoi schemi di pensiero, fai attenzione ai casi in cui le tue convinzioni fondamentali stanno interferendo con una visione oggettiva della realtà. Questo processo richiede di prestare molta attenzione alla presenza di errori di pensiero in situazioni specifiche, facendo attenzione a non credere a tutto ciò che la nostra mente ci dice.

Tieni presente che le convinzioni fondamentali negative possono rimanere dormienti quando ci sentiamo bene ed emergere quando siamo presi da forti emozioni. Gli individui inclini alla depressione hanno maggiori probabilità di mostrare un aumento delle convinzioni negative quando sperimentano uno stato d'animo negativo, aumentando il rischio di futuri episodi di depressione. Per fortuna, possiamo addestrare la nostra mente a proteggersi dalle ricadute, poiché le persone che hanno utilizzato la CBT mostrano un aumento minore del pensiero negativo durante gli stati d'animo bassi.

Puoi anche usare la tecnica della freccia verso il basso per arrivare alle tue convinzioni fondamentali. Ad ogni passaggio, chiediti cosa significherebbe se il tuo pensiero fosse giusto.

Esther ha utilizzato la tecnica della freccia verso il basso per esaminare le implicazioni del suo pensiero automatico sull'avere il cancro:

Puoi utilizzare la tecnica della freccia dall'alto verso il basso per esplorare le tue convinzioni fondamentali.

Fai un cambiente in te stesso e nelle tue convinzioni fondamentali

La psicologia è definita come lo studio di come funziona la nostra mente e influenza il nostro comportamento. La psicologia come scienza indaga le cause delle azioni e può essere utilizzata anche per cambiare le pratiche.

La spiritualità è diversa dalla religione. Si tratta di capire chi sei guardando oltre ciò che vediamo. La spiritualità è molto centrale nel formare le convinzioni fondamentali di una persona.

Le convinzioni fondamentali delle persone influenzano il loro comportamento esteriore. Attraverso la psicologia e la spiritualità, si può trasformare la propria vita in ciò che si immagina. Questo può essere fatto attraverso una trasformazione della mentalità.

La maggior parte dei problemi che le persone incontrano sono il risultato di convinzioni o domande sottostanti. Sia la spiritualità che la psicologia cercano di trasformare i tuoi pensieri per migliorare la tua vita.

Per cambiare la tua vita, devi iniziare trasformando completamente la tua mentalità. La natura dei tuoi pensieri determina la qualità della tua vita. Pensieri positivi, ottimismo, sentimenti ed emozioni generano una qualche forma di energia nel tuo sistema che ti permette di provare gioia interiore.

Il modo in cui agiamo è una manifestazione diretta dei nostri pensieri. Psicologia e spiritualità lavorano insieme per portare un cambiamento nel modo in cui una persona pensa e genera felicità e realizzazione nella nostra vita quotidiana.

È possibile cambiare i tuoi pensieri e trasformare la tua vita. Ecco un elenco di modi che puoi utilizzare per migliorare le tue idee e trasformare positivamente la tua vita.

1. Crea affermazioni positive

Anche le affermazioni possono essere dannose. Sfortunatamente, la maggior parte delle persone è abituata a fare affermazioni negative. Quando una persona pensa ripetutamente che fallirà, è un esempio di affermazione negativa. Sia le affermazioni negative che quelle positive influenzano il funzionamento del tuo cervello.

I mantra sono esempi di affermazioni positive. I mantra sono quasi sacri con uno spirituale. Quando si creano affermazioni positive, non dovrebbero essere deboli o nella media.

Esempi di affermazioni negative sono: "Non posso essere in grado. È impossibile. "Dall'altro lato, le affermazioni positive sono determinate e forti come" Posso o lo farò ". Il tuo cervello risponde a come pensi e, come tale, dirige il resto degli organi del corpo ad agire secondo i tuoi pensieri .

2. Sapere quando fermarsi

A molte persone piace soffermarsi sulle disgrazie che hanno incontrato lungo la strada. I torti che percepiscono sono stati commessi contro di loro dai loro cari. Continuano a maledire se stessi a causa degli errori che hanno commesso e ad analizzare ciò che avrebbero potuto fare diversamente.

Va bene imparare dal nostro passato e pianificare di fare meglio in futuro. Tuttavia, non è salutare dimorare nel passato perché ci dimentichiamo di andare avanti con la vita.

3. Smettila di essere masochista

Molte volte le persone vogliono crogiolarsi nell'autocommiserazione e nella miseria. Creiamo pensieri auto-punitivi e godiamo di quello stato d'animo; ci concentriamo su pensieri pessimistici e siamo costantemente cupi. Alcune persone crederanno di essere naturalmente sfortunate, quindi non accadrà mai nulla di buono nelle loro vite.Questi tipi di pensieri sono dannosi per la tua mente e altrettanto dannosi per la tua salute fisica.

4. Conta sulle tue gioie e benedizioni

Non dare per scontate le tue benedizioni e la tua gioia. Smettila di brontolare ogni volta che ti trovi di fronte a una sfida. Puoi contrastarlo ricordando sempre quelli che sono meno fortunati di te nella vita. È anche possibile che la situazione sia stata peggiore. Pensa anche a questo.

Pratica la gratitudine per goderti la pienezza della vita. Quando sei grato, gli aspetti negativi si trasformano in positivi. Dove c'è caos, l'ordine diventa. Dove c'è confusione, diventa chiarezza. Questo è possibile solo avendo un atteggiamento gratificante.

5. Apprezza cio' che hai

Il modo più semplice ed eccellente per trasformare i tuoi pensieri è goderti e apprezzare ciò che hai. Invece di sentirti triste a causa di ciò che non hai ancora ottenuto nella vita, prova ad apprezzare dove sei ora.

Fissare gli occhi su cose più importanti è positivo. Tuttavia, per raggiungere quelle grandi altezze, devi iniziare da dove sei e godertelo. Se non raggiungi i tuoi obiettivi, apprezza quello che hai finora e ti motiverà a fare di più.

6. Goditi gli obbiettivi raggiunti

Raggiungere i propri obiettivi e goderseli sono due cose diverse. Molte persone si propongono con obiettivi in mente. Non appena li producono, diventano irrequieti e cercano di più invece di godersi ciò che hanno raggiunto. Se miravi a ottenere qualcosa, segui i tuoi obiettivi e, una volta fatto, apprezza lo sforzo e il risultato.

7. Quando arrivano le prove, si forte

È naturale sentirsi immotivati e demoralizzati quando affrontiamo condizioni difficili. Smettiamo di muoverci e ci concentriamo sull'esplorazione del peso delle sfide. Tuttavia, prova a risollevare il morale e ti sentirai meglio.Tieni la testa alta e, con determinazione, affronta le sfide per uscirne con successo.

8. Apprezza il bambino che e' in te

I bambini sono puri nel loro pensiero e innocenti. Combatteranno o litigheranno con i loro amici e lo dimenticheranno così velocemente e inizieranno a giocare insieme ancora una volta. Sfortunatamente per gli adulti, abbiamo dentro di noi problemi che avvelenano il nostro spirito e la nostra mente. Da bambini, è essenziale praticare il perdono e dimenticare un incidente non appena è accaduto e discusso.

9. Cerca di essere felice e contento

La maggior parte delle persone associa la propria felicità agli eventi futuri. Legano la loro felicità agli eventi futuri e, se queste cose non accadono, non sono più felici. Non rimandare la tua gioia; invece, goditi il tuo momento oggi perché il domani non ti appartiene.

10.   Controlla I tuoi stati d'animo

Non essere un servo dei tuoi umori; sii invece il maestro. Ricorda, definisci la tua felicità. Non permettere mai alle circostanze o alle persone di smorzare il tuo spirito e di renderti infelice.

Altre persone associano la loro felicità ai beni materiali; non attaccare il tuo piacere alle cose. Scegli di essere felice, indipendentemente dalla situazione. Non permettere che i cuori spezzati dominino; invece trovi gioia in tutte le circostanze.

11.   Decidi di avere una giornata felice

Ogni giorno arriva con le sue sfide e situazioni che possono scatenare l'infelicità. Svegliati ogni giorno con la determinazione di essere felice. Identifica le cose che ti danno gioia e concentrati su quelle. Cerca ispirazione e gioia nella natura. Scopo di mantenere la calma nonostante le situazioni che potresti dover affrontare e rimanere felice.

12.   Onora il tuo corpo, perche' e' il tuo tempio

Considera sacro il tuo corpo. Tienilo ben pulito ed evita di buttare dentro spazzatura, cibo tossico e pensieri negativi. Per rimanere felice, devi rimanere in buona salute, sia mentalmente che fisicamente. Impegnati in esercizi fisici attivi spesso e leggi contenuti stimolanti che agiscono per motivarti.

13.   Impara a meditare giornalmente

La meditazione non deve essere complicata, come alcune persone l'hanno fatta. Ogni sera, trova un posto tranquillo, concentrati su come è stata la tua giornata e presta attenzione alle cose belle che ti hanno fatto sentire bene. Se è successo qualcosa di non così piacevole, concentrati sulle lezioni che hai imparato dalla situazione, ma non attirare pensieri negativi pentendoti. In questo modo, riempi la tua mente di gratitudine e crei un te più felice.

14.   Non cercare di cambiare il mondo, ma concentrati a migliorare te stesso

Quando le persone non soddisfano le tue aspettative, non arrabbiarti. Non puoi cambiare il mondo, ma il modo migliore è cambiare il modo in cui vedi il mondo cambiando te stesso. Cambiando te stesso, permetti a te stesso di adattarti alle situazioni intorno a te e, così facendo, eviti lo stress.

15. Usa I stumenti che hai a disposizione nel modo migliore

Non concentrare le tue energie pensando a quale potrebbe essere il meglio. Invece, prendi ciò che hai e sfruttalo al meglio. Il mondo non è l'ideale. Dimentica le imperfezioni intorno a te. Cambia i tuoi pensieri e cambia il tuo mondo.

I pensieri sono convincenti. Le tue idee possono essere un ostacolo alla tua felicità o la causa dei tuoi problemi di salute mentale. Stai trasformando i tuoi pensieri si traduce nella trasformazione della tua mentalità. Quando la tua mente cambia, vivi una vita più sana, più felice e più appagante.

La terapia cognitivo-comportamentale si concentra sulla trasformazione della tua mentalità da negativa a positiva. Identificare le tue convinzioni fondamentali e il modo in cui influenzano il tuo modello di pensiero è l'inizio della tua trasformazione.

Mantieni la consapevolezza

Non c'è modo che tu possa imparare una nuova abilità senza alcuna forma di guida o istruzione. Immagina che ti vengano date le chiavi di una Ferrari e ti venga chiesto di guidarla nel traffico intenso, ma non hai mai forzato un giorno nella tua vita. Non funzionerebbe bene. La stessa cosa si applica quando si parla di consapevolezza. Se ti stesse semplicemente dicendo: "Vai avanti e sii consapevole", allora sarebbe meglio concludere qui perché non c'è nient'altro da fare, immagino. Non preoccuparti. Non ti lascerò in sospeso.

Al centro della terapia dialettica comportamentale c'è la consapevolezza. Daremo uno sguardo a ciascuno dei passaggi che devi compiere per praticare la consapevolezza. Non è sufficiente sapere che può aiutarti. Voglio potenziarti con la conoscenza di cui hai bisogno per salvarti.

Ora, potresti essere un po' scettico su tutto questo. Forse già più di qualche volta hai considerato di mettere da parte questo perché trovi inconcepibile che solo l'apprendimento della consapevolezza come abilità possa essere tutto ciò di cui hai bisogno per cambiare la tua vita. Non è insolito che i pazienti con BPD siano scettici sull'intera faccenda. Per un problema così complesso come il disturbo depressivo maggiore, come potrebbe qualcuno suggerire qualcosa di semplice e basilare come la consapevolezza? Cosa diavolo significa anche "consapevolezza" comunque? Piena di mente? Sei tentato di presumere che si tratti di un hokey religioso dei buddisti, quindi non dovresti prestargli attenzione. Non c'è modo che tutti i tuoi problemi possano essere risolti semplicemente respirando, pensi. Questi sono tutti pensieri logici. È naturale sollevare un sopracciglio con sospetto sull'intero concetto, soprattutto quando non hai idea di cosa significhi praticare la consapevolezza o di come inizieresti in primo luogo.

Buttare giu le basi

Probabilmente stai cercando di capire quanto spesso e per quanto tempo dovresti esercitarti a essere consapevole ogni volta. Dato che hai appena iniziato, dovresti iniziare con solo 15-20 minuti al giorno. Puoi facilmente suddividerlo in due sessioni, una all'inizio della giornata e una alla fine.

Man mano che ti abitui alla pratica, potresti iniziare ad aggiungere un po 'di tempo alle tue sessioni ogni giorno. Tratteremo i modi in cui puoi essere consapevole per tutta la giornata. Tuttavia, tratteremo anche le basi della scelta di un orario prestabilito ogni giorno per una sessione più mirata e formale. Questo è importante perché essere deliberati al riguardo è l'unico modo per essere consapevoli. Un'altra cosa, dovrei menzionare è che non importa quanto sei bravo a diventare consapevole di te stesso, devi assicurarti di continuare la tua pratica giorno dopo giorno.

Questo non è un pre-requisito. Trova un momento che sia conveniente per te e impegnati. Se ti accorgi di essere esausto alla fine della giornata, faresti sicuramente meglio a esercitarti nel pomeriggio o al mattino. Se devi iniziare la mattina presto e hai molto da fare per preparare la tua famiglia per la giornata, potresti prendere in considerazione il mezzogiorno o la sera per esercitarti. Dipende tutto da te. Il punto è che devi renderla un'abitudine e ricordare l'unico modo in cui le abitudini si formano nella ripetizione costante. Fai quello che ti serve per realizzarlo. Lascia una nota da qualche parte dove passerai sempre, ricorderai o imposterai un promemoria sul tuo telefono.

Se si tratta di una pratica di consapevolezza da seduti, sarebbe meglio adottare una postura in cui il petto è aperto, il che significa che tieni le braccia lontane dal petto. Vuoi anche assicurarti che il tuo fondoschiena sia piantato saldamente e in modo uniforme sul sedile. Scegli un buon chai, che ti permetta di sederti comodamente. Se hai bisogno di alcuni cuscini per sostenere la schiena, usali. Assicurati che i tuoi piedi siano appoggiati sul pavimento, fermamente e in modo uniforme. Non incrociare le caviglie o le gambe. Le tue spalle devono essere indietro e in posizione verticale. Non chinarti. Puoi tenere le braccia in grembo. Se lo desideri, puoi girare i palmi verso l'alto. Una parte considerevole di questa pratica di consapevolezza è anche consapevole della tua postura mentre ti siedi. Ora che sai come sederti, ti eserciterai tenendo gli occhi aperti.

Possedere la tua mente

Più pratichi la consapevolezza, più scoprirai di possedere la tua mente. Hai più controllo su di esso. In questo momento, posso vedere come potresti pensare che questa sia un'impresa impossibile. Tuttavia, è vero! Mentre pratichi, scoprirai che non sei le tue emozioni o i tuoi pensieri, ma qualcosa di più.

Per la maggior parte, le persone tendono a ignorare quanto siano i modelli di pensiero di un'abitudine. Non pensiamo mai veramente al nostro pensiero perché non ci è stato insegnato come farlo. È qui che la consapevolezza può aiutare di nuovo. Se la tua mente non è allenata, può causare molto dolore e angoscia senza che tu ne sia nemmeno consapevole. Come un pendolo, oscilli da un estremo all'altro. O sei così invischiato nella tua mente che presti troppa attenzione a pensieri specifici o ti preoccupi del punto dell'ossessione e non sei in grado di vedere oltre il tuo naso. In ogni caso, non presti attenzione alle tue abitudini di pensiero. Ti sembra quasi che le cose tendano a svolgersi da sole e non hai alcun potere su come reagisci. Non ho bisogno di dirti come essere su un estremo o l'altro può causare problemi e sofferenza. La consapevolezza ti aiuterà a crescere in curiosità, consapevolezza e attenzione. È così che finalmente possiedi la tua mente e rompi le abitudini di pensiero che hai.

Il bisogno di curiosita' e attenzione

Quando non sviluppi la tua attenzione e quando non sei curioso della vita, rimarrai bloccato nella tua solita routine. Le routine possono aiutarti a evitare il dolore che provi, ma alla fine ti tengono anche bloccato e questo può aggiungersi più dolore alla fine. Non vale mai la pena provare a ignorare le tue emozioni e pensieri.

Devi prestare attenzione ai tuoi pensieri. Ciò significa che devi fermarti di tanto in tanto e dare uno sguardo imparziale alla tua mente. Quanto velocemente o lentamente stai pensando? I tuoi pensieri sono un pasticcio confuso o ben messi insieme? Sono amorevoli e gentili o arrabbiati e pieni di risentimento? A cosa stai pensando esattamente?

Lo scopo della consapevolezza è prendere in carico la tua mente e i tuoi processi mentali e, per estensione, le tue emozioni. Man mano che presti attenzione, la pace e la serenità che senti nella tua vita aumenteranno di cento volte. Potrebbe essere difficile credere che la consapevolezza possa aiutarti a ottenere tutto questo, soprattutto perché non l'hai mai fatto prima, ma ti prometto che funziona.

L'esrcizio

Mentre pratichi, presta attenzione a come si sentono il tuo corpo e la tua mente. Questo ti aiuterà a imparare tutte le cose che puoi fare per diminuire la tua sofferenza attraverso le tue emozioni e pensieri. Nello spazio DBT, queste azioni sono note come abilità "cosa" e "come" - "cosa" sono le azioni che intraprendi per essere consapevole e "come" il modo in cui lo fai.

Prova le pratiche che ti verranno fornite in questo almeno una volta. Avrai bisogno di un diario in modo da poter prendere appunti sulle tue esperienze dopo ogni pratica. Scoprirai che alcune pratiche ti fanno sentire meglio di altre. Tuttavia, non attenersi a loro ancora senza provare tutto in modo da poter dire cosa funziona per te e cosa no. L'obiettivo non è farti apprezzare la pratica, ma incoraggiarti a diventare più curioso e dare una sfida alla tua mente. Un'altra cosa che dovrei menzionare è che la tua mente vagherà. Devi essere a tuo agio con questo fatto. Quando noti che la tua mente ha preso una tangente, non picchiarti su te stesso. Notare è un progresso! Quindi riporta semplicemente la tua mente al tuo compito consapevole, qualunque esso sia. Ogni volta che la tua mente vaga e la riporti indietro, migliorerai nel mantenere la consapevolezza. Ricorda, la tua mente è come un muscolo. È così che diventa più forte.

Il potere delle intenzioni

Non puoi praticare la consapevolezza senza intenzione. L'intenzione è una cosa bellissima perché se puoi fare qualcosa senza mente, allora con essa puoi farlo consapevolmente. Intenzione significa che stai scegliendo di prestare attenzione a qualcosa con un obiettivo specifico in mente. Pertanto, potresti lavarti i denti come sempre, mentre i tuoi pensieri sono sul pilota automatico, chiedendoti bollette e mutui, oppure puoi passare quel tempo a notare il modo in cui ti lavi, come si sente la tua bocca e così via. Noti il desiderio di pensare a come prenderti cura delle bollette, ma poi sposti nuovamente la tua attenzione sul semplice atto di lavarti i denti. Mentre ti lavi, la tua mente si allontana. Quando lo fa, puoi semplicemente tornare a spazzolare. Puoi farlo con qualsiasi attività che svolgi regolarmente, che si tratti di guidare, camminare, lavare i piatti o fare il bucato. È così che infondi la consapevolezza nelle tue attività quotidiane.

C'è un'idea sbagliata che l'obiettivo della consapevolezza sia avere una mente che non vaga mai. È impossibile. Avrai sempre pensieri nella tua testa. Questa è la funzione del tuo cervello. Che cos'è la consapevolezza, è scegliere intenzionalmente di riportare la tua attenzione sui compiti a portata di mano ogni volta che la tua mente vaga. Non si tratta di mantenere la mente tranquilla e vuota.

Decidere, Dedicarsi , avere Successo

Quando decidi di esercitarti a essere consapevole, devi continuare a ricordare a te stesso cosa hai deciso di fare e perché. È importante che all'inizio tu sia chiaro sul fatto che sarai consapevole del compito che hai scelto, che si tratti di lavare i piatti o lavare la macchina. Dì a te stesso che lo farai consapevolmente e automaticamente il tuo cervello capisce che ha bisogno di concentrarsi sul compito prima di te. Una volta che ti impegni in questo modo, è più probabile che tu abbia successo.

Una Pratica Diversa per Ogni Giorno

Tutto quello che devi fare è cambiare almeno una delle cose che fai abitualmente ogni giorno, solo per una settimana. Prova a uscire a destra se sei abituato ad alzarti dal letto a sinistra. Di solito apri le porte con la tua mano dominante? Impegnati a usare l'altra mano. Si tratta di fare qualcosa di diverso per un determinato periodo e prestare la massima attenzione al processo.

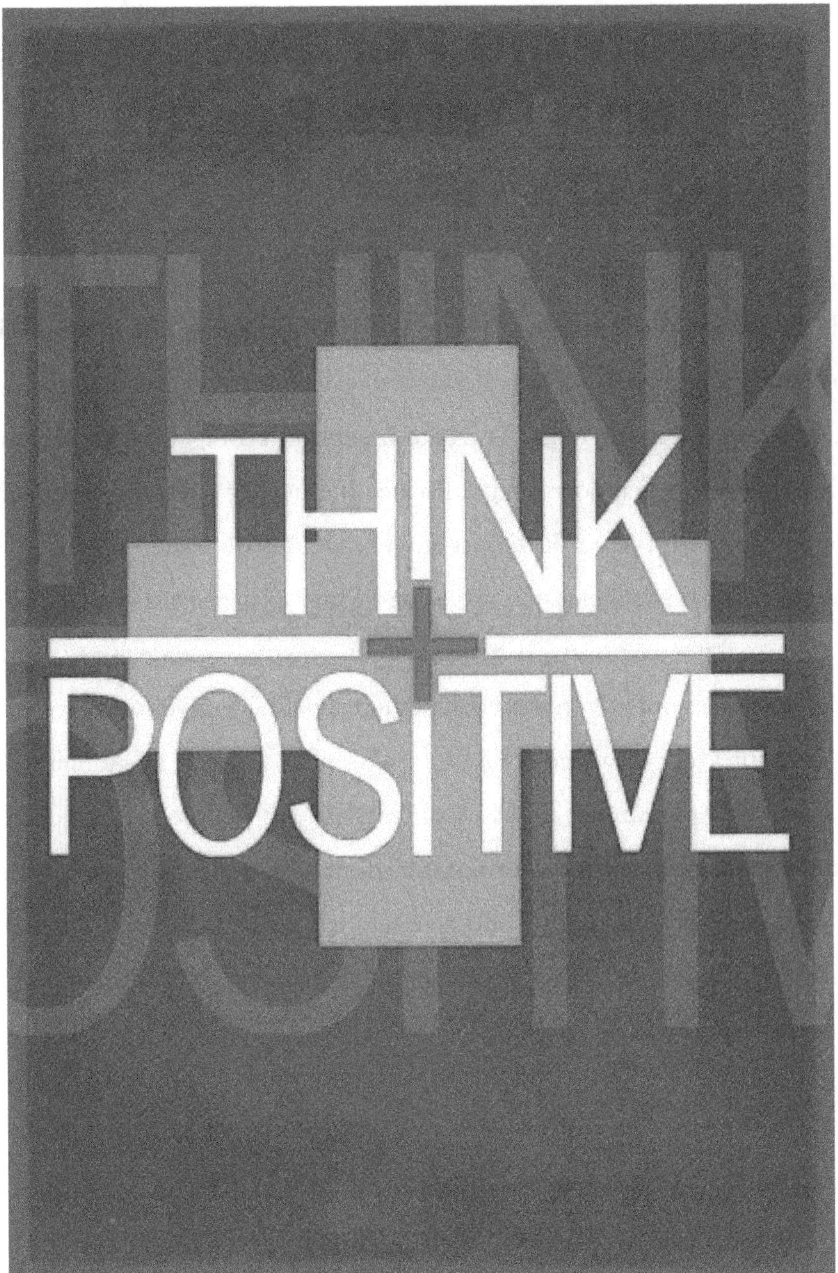
THINK
POSITIVE

Strategie Per Sviluppare una Mente Positiva

Identifica I tuoi obbiettivi

Gli obiettivi sono il modo in cui ci fissiamo gli obiettivi delle cose che vogliamo raggiungere. Se viviamo una vita senza piani, potremmo pensare di non aver ottenuto nulla. Potremmo sentirci scoraggiati o addirittura senza speranza. Quando si inizia a fissare obiettivi per noi stessi, dobbiamo prima stabilire un lasso di tempo e avere un'idea di come eseguirlo. Gli obiettivi offrono anche un senso di scopo e un modo per misurare il nostro successo e il nostro noi stessi. Se imposti un obiettivo grande per te stesso, è saggio fissare obiettivi più piccoli per aiutarti a raggiungerlo nel tempo e ti consente di misurare i tuoi progressi verso il raggiungimento dell'obiettivo più ampio. Quelle sotto-attività più piccole sono anche un ottimo modo per evitare la procrastinazione perché l'impostazione degli scopi ti rende responsabile. Sono promemoria costanti che non possiamo evitare di ottenere ciò che ci siamo promessi. Come si ottiene il successo e come si ottiene una direzione nella vita?

Trovare la tua visione

La tua visione è una delle cose più importanti che devi avere se speri di crescere e vuoi avere successo. Lo scopo di una visione è agire come il tuo PERCHÉ.

Lo scopo di una visione è ispirarti e riempirti di energia e vita. Dovrebbe aiutarti a guidarti, portarti avanti e darti un senso di energia e guida. La tua visione dovrebbe essere collegata ai tuoi valori fondamentali e le tue motivazioni dovrebbero essere chiare a te stesso. Una missione ti darà anche una direzione in un mondo pieno di diversi tipi di scelte. Ti aiuterà a restringere la tua attenzione; ti aiuterà a eliminare quelle cose che sono esterne o irrilevanti. Quando stai cercando di identificare la tua visione, dovresti sederti in un posto tranquillo e considerare tutte le tue opzioni e quali sono i tuoi obiettivi. Proprio come cercare le tue convinzioni fondamentali, ti ritroverai a pensare alle cose che ti renderanno felice e di successo. Quando ti vengono in mente questi obiettivi, devi assicurarti di considerare quanto segue:

- **_Unico_**: il tuo obiettivo è unico? Corrisponde ai tuoi progetti e alle tue passioni? Riesci ad immaginare di sentire questo ruolo individuale?

- **_Visione semplice_**: la tua visione dovrebbe essere semplice, chiara e dovresti essere in grado di spiegarla facilmente. Avrai bisogno che gli altri ti aiutino a raggiungerlo, quindi anche loro devono essere in grado di capire, credere e seguire la tua visione.

- **_Visione focalizzata_**: La tua visione dovrebbe essere precisa e mirata. Non dovrebbe essere troppo ampia.

- **_Sii coraggioso_**: una visione dovrebbe essere coraggiosa e dovrebbe essere abbastanza ampia da essere degna delle tue capacità e delle tue capacità.

- **_Benefico_**: una buona visione avrà uno scopo e dovrebbe portare benefici agli altri, non solo a te stesso.

- **_Allineato_**: una divisione dovrebbe essere allineata con i tuoi obiettivi e dovresti essere in grado di capire come raggiungerla e spiegare il processo agli altri.

- **_Ispirazione_**: Esprimi la tua visione in un modo che sia stimolante; devi attrarre una squadra e devono essere disposti a seguirti perché sono diventati anch'essi fonte di ispirazione.

- **_Coinvolgimento_**: la tua visione dovrebbe suscitare curiosità nel tuo team.

- **_Rendere i tuoi obiettivi realizzabili_** : Se vuoi realizzare qualcosa entro quella data, renderli fattibili è fondamentale.

Le persone che non hanno obiettivi tendono a non avere una direzione e tendono a lasciare che la vita accada a loro. Stabilire degli obiettivi ti consente di avere una misura di controllo sulla tua vita. Quando prendi il comando, puoi godertelo entrambi e sapere anche dove sei diretto.

Conclusioni

Ci siamo concentrati principalmente sulla terapia cognitivo comportamentale (TCC) come piattaforma sottostante per la risoluzione dei problemi nella vita delle persone. Ora, fai un elenco dei problemi o delle preoccupazioni più importanti che vorresti affrontare. Nota quanto spesso si verificano, se sono relativamente minori o piuttosto gravi, e come influiscono sulla tua vita. Usa la cartella di lavoro in appendice alla fine. Ad esempio, qualcuno potrebbe provare sentimenti di disperazione. Per risolvere questo problema, potresti scrivere che queste idee si verificano tre o quattro giorni alla settimana, che i pensieri sono sconvolgenti e invadenti ma non così gravi da non poter continuare la maggior parte delle attività quotidiane e l'impatto è che i pensieri tolgono il tuo divertimento della vita e ti fanno sentire meno positivo per il futuro in generale.

A seconda della velocità con cui hai letto il contenuto, potresti ancora provare sintomi abbastanza intensi delle tue lotte emotive nonostante abbia letto tutto. È importante che tu non lo getti semplicemente da parte e lo dimentichi mentre continui ad affrontare le tue lotte quotidiane. Istruirti semplicemente su ciò che deve essere fatto non ti sosterrà nella guarigione. Avrai effettivamente bisogno di fare il lavoro di guarigione. Rimanendo devoto e presentandoti a te stesso ogni singolo giorno, dai a te stesso l'attenzione di cui hai bisogno per abbracciare veramente il tuo viaggio di guarigione con la TCC.

È importante che tu capisca veramente che l'auto-guarigione non significa isolarti dagli altri. Isolare te stesso è un desiderio comune quando provi qualcosa come ansia o depressione. Tuttavia, ciò può impedire la tua guarigione. Anche nei giorni in cui non ne hai voglia, fatti vedere e cerca di entrare in contatto con almeno una persona al giorno che non vive con te. Ciò ti aiuterà a provare un senso più profondo di connessione con coloro che ti circondano e ti aiuterà a sentirti più in sintonia con il mondo esterno.

Devi anche assicurarti di praticare costantemente le tue nuove pratiche di consapevolezza e TCC. Anche se le persone che si riprendono da disturbi psicologici usando la TCC hanno molte meno probabilità di ricadere rispetto a coloro che vengono trattati esclusivamente con la medicina, saranno sempre vulnerabili a sperimentare un deterioramento dei loro sintomi. L'autocontrollo continuo e il mantenerti ben istruito e dotato delle conoscenze necessarie per combattere potenziali ricadute ti aiuteranno a superarle prima che diventino problematiche. Anche se diventano di nuovo problematici, non c'è motivo di vergognarsi.

Supponi di conoscere qualcun altro che potrebbe trarre vantaggio dal TCC. Più siamo in grado di diffondere il messaggio di guarigione e responsabilizzare gli altri a scoprire come possono guarire se stessi, meno persone hanno bisogno di soffrire di sintomi di ansia e depressione.

Si spera di averti dimostrato che la visione negativa della vita è semplicemente una distorsione negativa del pensiero che puoi imparare a superare. Per supportarti nel tuo viaggio verso una positività equilibrata, abbiamo incluso numerosi esercizi e introdotto una serie di tecniche che supportano il recupero mentale. Hai imparato come usare la registrazione dei pensieri, uno degli strumenti più importanti per esaminare la tua mente e monitorare i tuoi progressi. Imparando a usare la registrazione dei pensieri, sarai in grado di valutare razionalmente ogni situazione stressante e le sfide che la vita ti pone. Con questo in mente, puoi usare questa tecnica per battere pensieri automatici, ruminazione, convinzioni disfunzionali e supposizioni, nonché per far fronte alla paura e alla tristezza.

Ricorda di restare aperto il più possibile sui tuoi pensieri e sulle tue esperienze. Comunicare apertamente con il tuo terapeuta, utilizzando descrizioni dettagliate, offre loro la migliore visione delle tue esperienze e li aiuta a identificare convinzioni e presupposti sbagliati che guidano la tua vita. Hai imparato che la causa più probabile per cui ti senti come ti senti non è nel fatto che c'è qualcosa di sbagliato in te, perché non c'è, ma nelle convinzioni fondamentali negative che hanno plasmato la tua percezione della vita . Abbiamo spiegato la definizione e gli esempi delle convinzioni fondamentali, aiutandoti a capire come e perché i meccanismi inconsci che ti guidano potrebbero essere disfunzionali. Inoltre, abbiamo spiegato come e perché le convinzioni fondamentali negative causano distorsioni cognitive, pensieri automatici e invadenti che ti infastidiscono di più. Ora hai una guida e istruzioni per smettere di nutrire questi schemi di pensiero inadeguati e passare alla positività e alla chiarezza.

Se la tua vita è stata influenzata da convinzioni negative abbastanza a lungo, potresti aver imparato come usare numerosi comportamenti evitanti e autodistruttivi. Senza saperlo, ti stavi affidando a questi comportamenti per proteggerti dalla paura. Anche se evitare lo stress potrebbe aver funzionato per un po', dovrai superare questi comportamenti paralizzanti e autodistruttivi per crescere e cambiare. Abbiamo introdotto l'esposizione graduale e l'attivazione comportamentale come tecniche semplici ma efficaci per vincere gradualmente e pazientemente le tue paure e introdurre comportamenti più piacevoli e positivi nella vita quotidiana.

COMUNICAZIONE ASSERTIVA

IMPARA COME AFFINARE LE TUE ABILITA' COMUNICATIVE PER PARLARE A CHIUNQUE CON SICUREZZA, IN MODO EFFICACE E SENZA TIMORE CONTROLLANO LA TIMIDEZZA ED AUMENTANDO L'AUTOSTIMA

MIND CHANGE ACADEMY

Introduzione

Ehilà!

Come ti senti? Esausto?

È comprensibile. Non riuscire a comunicare efficacemente il proprio punto di vista, in particolare nelle relazioni con cui abbiamo a che fare quotidianamente, come la famiglia, gli amici o anche i colleghi di lavoro, può farti sentire esausto.

Dopo tutto, se devi spiegarti venti milioni di volte, chi non sarebbe infastidito, giusto? Senti quella vocina nella tua testa, quella che continua ad essere d'accordo con tutto quello che hai appena letto.

Ti sembra di essere arrabbiato con le persone che ti circondano, vero? È come se la loro incomprensione e il fatto che non riescano a mettersi in riga sia un riflesso su chi sono come persone.

Bene, sia come sia, vi siete mai chiesti se c'è qualcosa che potreste sistemare in termini di come state comunicando?

Pensateci: avete avuto problemi a comunicare? Vi siete mai sentiti come se quello che state dicendo e quello che intendete non fossero proprio la stessa cosa, e non vi siete presentati bene?

Sì?

Ti sei mai chiesto perché?

La mancanza di comunicazione dinamica al lavoro e a casa è estremamente dannosa sia per la carriera che per una sana vita familiare. Questo perché sentirsi frustrati o inascoltati quando si ha a che fare con le persone con cui ci si impegna quotidianamente è fondamentalmente l'accumulo da manuale per un crollo mentale. Come esseri umani, abbiamo bisogno di sapere che quello che facciamo conta, e abbiamo bisogno di sentirci rispettati e apprezzati. E l'unico modo per garantirlo è lavorare sulle nostre capacità di comunicazione, in modo da essere meglio attrezzati per capire e trattare con gli altri.

Allora, come si fa a fare tutto questo? Non cercate oltre, qui a Comunicazione Efficace-5 suggerimenti ed esercizi essenziali per migliorare il modo in cui comunicate in questo mondo diviso, anche se si tratta di politica, razza o genere!

Con la comunicazione moderna che diventa sempre più difficile, con così tante questioni divisive come la razza e la libertà religiosa che vengono spinte in primo piano, è comprensibile che le persone con punti di vista diversi abbiano difficoltà a trovare un terreno comune da dove possono dissentire rispettosamente. Ma non è impossibile!

E noi siamo qui per spiegarvi esattamente come fare!

Pronti?

Va bene, non dovete esserlo - per ora, ascoltate e basta.

Quando comunicate, o quando vi viene comunicato, ci sono cinque concetti chiave che determinano l'efficacia della comunicazione. Sono spesso chiamati i cinque concetti fondamentali della comunicazione e sono: ascolto, consegna, empatia, onestà e vincere. Ognuno di questi argomenti ha la capacità unica di aiutare a cambiare le menti e gli atteggiamenti se applicato correttamente.

Sapete cosa significa, vero?

Vuol dire niente più litigi a tavola o tirarsi i capelli per quello che ha detto il vostro capo. Una volta che avrete letto questo libro e applicato attivamente ognuna di queste cinque tecniche, sarete pronti ad affrontare il mondo, letteralmente!

Allora, che ne dici?

Sei pronto ora?

Fantastico! Continua a leggere; ti possiamo aiutare!

La Base della Comunicazione

Significato, Concetti e Processo della Comunicazione

La comunicazione efficace è generalmente un termine d'affari, ed è qualcosa che si usa generalmente per assicurare che una forma completa e coerente di comunicazione sia intrapresa, e in modo tale che la persona con cui si sta comunicando capisca il messaggio trasmesso nel modo in cui il comunicatore intendeva che fosse compreso.

Abbastanza facile, vero?

Quello che hai appena fatto è la cosa più complicata che l'umanità abbia mai fatto. Infatti, solo la razza umana è capace di una comunicazione completa, al punto di assicurare che il messaggio che consegniamo sia "trasmesso nel modo in cui il comunicatore intendeva che fosse compreso".

In generale, ci rivolgiamo alle sette C della comunicazione. Correttezza, con cui ci si assicura che l'informazione che si sta consegnando sia corretta e accurata. Chiarezza, per cui ci si assicura che non si stiano complicando le cose, ci si ricorda di rimanere concentrati e di attenersi ad una sola questione. Il modo migliore per farlo è assicurarsi di essere concisi, coprire ciò che deve essere coperto senza abbellimenti, non creare troppo accumulo, ma solo arrivare al punto. Detto questo, è altrettanto importante che tu tenga gli occhi aperti per assicurarti che il messaggio inviato sia completo. E poi, in rapida successione, avete Considerazione, Concretezza e Cortesia. La concretezza deriva dall'autenticità di ciò che stai dicendo, e per finire, c'è la cortesia che è la lucidatura in cima che mantiene il pubblico felice e disposto ad ascoltare.

Ma tutto questo riguarda il messaggio con cui abbiamo a che fare: come trasmettiamo questo messaggio è tutta un'altra questione.

Quindi, andiamo subito al sodo, va bene?

Mentalità e Approccio

Tutti noi condividiamo un desiderio interno di relazionarci con il mondo che ci circonda. Immaginate per un momento, se non poteste più comunicare e nessuno fosse in grado di capire nulla di quello che state cercando di dire. La vita sarebbe una serie infinita di frustrazioni da parte vostra, soprattutto. Togliete questa capacità e improvvisamente la vita diventa una lotta quando nessuno può capire i vostri bisogni e viceversa.

Prima di iniziare a migliorare con successo la vostra capacità di comunicare con le persone intorno a voi, c'è qualcosa che dovete fare prima. La vostra capacità di interagire con gli altri deriva dalle esperienze che avete avuto in passato, e poiché l'esperienza può essere l'insegnante più efficace di tutti, le esperienze del passato avranno un impatto sulla vostra capacità comunicativa andando avanti. Se non riesci a capire te stesso al livello più elementare, non puoi aspettarti che gli altri intorno a te capiscano chi sei e di cosa hai bisogno.

Una comunicazione efficace comincia da te, e il primo posto dove iniziare è attraverso lo sviluppo di un livello di autoconsapevolezza di te stesso. La capacità di riflettere sulle tue esperienze interne e di dargli un senso ti permette di elaborare accuratamente le tue emozioni. Questo vi permetterà di determinare fino a che punto i vostri pensieri ed emozioni stanno influenzando il vostro processo di comunicazione e il modo in cui influenzano i vostri segnali non verbali. Se stavate cercando di avere una conversazione professionale, ma eravate di cattivo umore per qualcosa che è successo prima, avere quei sentimenti che ancora scorrono nel vostro sistema avrà un impatto negativo sulla conversazione che ora state cercando di avere. Il tuo tono potrebbe sembrare più aspro di quanto pensi, o il fastidio e lo stress che stai provando potrebbero riflettersi in un leggero aggrottamento delle sopracciglia o nella curva verso il basso della tua bocca. Piccoli segnali saranno colti da chi li riceve. Capire meglio se stessi con il giusto livello di autoconsapevolezza potrebbe avervi fatto capire che forse non eravate nel giusto stato d'animo per una conversazione efficace, e avreste quindi potuto fare i preparativi necessari per rimandarla ad un momento migliore, o avreste potuto darvi il tempo di prepararvi in anticipo.

Affinché una conversazione efficace abbia luogo, le emozioni devono essere regolate, e non si possono regolare le proprie emozioni senza consapevolezza di sé. Perché è così importante che le emozioni siano regolate durante il processo di comunicazione? Perché le nostre emozioni influenzano il nostro discorso e il processo di pensiero. Quando ti senti particolarmente arrabbiato, queste emozioni potrebbero farti percepire il messaggio che stai ricevendo in modo diverso. Quello che era inteso come un commento innocente viene improvvisamente preso fuori contesto e ne deriva una discussione? Una situazione che avrebbe potuto essere

173

facilmente evitata se ti fossi reso conto che forse stavi lasciando che le tue emozioni offuscassero il tuo giudizio. Una consapevolezza che avrebbe potuto portarvi a reagire in modo molto diverso e produrre un risultato completamente diverso.

In una certa misura, essere in grado di comunicare efficacemente implica l'intelligenza emotiva. Le cinque abilità fondamentali che compongono l'intelligenza emotiva - empatia, abilità sociali, autoconsapevolezza, autoregolazione e motivazione - sono anche le abilità fondamentali che ti rendono un mago nel conversare con chiunque. L'autoconsapevolezza e l'autoregolazione vi danno le competenze necessarie per essere in grado di valutare le vostre emozioni, le vostre capacità e poi regolare l'azione appropriata per ottenere il risultato più desiderabile. L'empatia e le abilità sociali ti aiutano a connetterti oltre la superficie con la persona con cui stai parlando. Essere in grado di mettersi nei loro panni, vedere quello che vedono, sentire quello che sentono, questo vi dà la preziosa intuizione di cui avete bisogno per adattare i vostri messaggi di conseguenza. Ultimo ma non meno importante, la motivazione ti dà la determinazione e la spinta di cui hai bisogno per rimanere concentrato sul quadro generale, per rimanere concentrato sul perché stai avendo questa conversazione e sul messaggio che stai cercando di trasmettere.

Senza l'intelligenza emotiva, fare la connessione necessaria di cui hai bisogno con il tuo pubblico per essere in grado di coinvolgerlo efficacemente diventa sempre più difficile. L'autoconsapevolezza è una parte vitale del processo di comunicazione ed ecco un esempio del perché. Ci saranno alcune persone che, nonostante i vostri sforzi, si riveleranno quasi impossibili da comunicare efficacemente. Potreste avere membri della famiglia con cui non riuscite a vedere le cose allo stesso modo, non importa quanto duramente ci proviate. Potreste avere colleghi di lavoro con i quali vi scontrate costantemente, anche se cercate di comunicare al meglio delle vostre capacità. Per quanto queste persone possano essere impegnative, dovete comunque interagire con loro, è inevitabile. L'autoconsapevolezza può essere di grande aiuto in questo caso.

Quando sapete quali sono i vostri punti di forza, potete usarli a vostro vantaggio nei momenti in cui dovete comunicare con queste persone difficili. Conoscere i propri punti di forza e le proprie debolezze è cruciale perché una volta che si conoscono i segnali di avvertimento dentro di sé, si può poi mitigare il potenziale di discussioni che ne derivano.

Il principio di auto-comunicazione (comunicazione interpersonale)

Prima di iniziare qualsiasi tipo di discorso importante, è necessario essere sicuri del contenuto che si sta per consegnare. Questo processo è chiamato comunicazione intrapersonale, e comporta una conversazione con se stessi. La maggior parte delle persone non se ne rende conto, ma abbiamo già dialoghi interni con noi stessi tutto il tempo. Che tu lo faccia consapevolmente o no, gli scenari che giochi nella tua mente, le conversazioni che immagini di avere, sono tutte parte della comunicazione intrapersonale che sta avvenendo.

I monologhi interni che facciamo nella nostra mente sono importanti quanto le conversazioni esterne che hanno luogo. Comunicare con noi stessi è uno strumento importante che aiuta a costruire sia la nostra autopercezione che l'autostima. L'auto-parlato che avete con voi stessi influenza il vostro benessere emotivo e mentale più di quanto vi rendiate conto. La prossima volta che c'è un dialogo interno, sintonizzati e presta molta attenzione a quello che ti stai dicendo. L'auto-comunicazione che sta avendo luogo è positiva? O si inclina più verso il negativo? Quest'ultimo, naturalmente, ti prosciuga dalla tua motivazione e dai tuoi livelli di energia, derubandoti della tua autostima e fiducia nel processo se sei costantemente concentrato sui tuoi difetti e su tutte le cose che non puoi fare. L'auto-parlato positivo, d'altra parte, può avere l'effetto completamente opposto, potenziandoti e aumentando la tua fiducia e i tuoi livelli di autostima, facendoti sentire come se potessi conquistare qualsiasi ostacolo che ti viene incontro.

La visualizzazione è una parte forte del principio di auto-comunicazione. Atleti, oratori motivazionali e persone di successo si affidano alla visualizzazione per prepararsi mentalmente alla performance che li aspetta. Gli atleti visualizzano se stessi dando la loro migliore prestazione prima di entrare in partita. Gli oratori motivazionali si immaginano davanti a una folla, ispirandola a vivere al meglio. Le persone di successo si visualizzano mentre raggiungono i loro obiettivi. Ora applicherete questa stessa tecnica di visualizzazione immaginando nella vostra mente il modo in cui volete che una conversazione vada prima di averla.

Tipo di persona: Visivo, Cinestesico e Uditivo

Quando la maggior parte delle persone parla, ne usa prevalentemente uno. Quando in un particolare momento sono più visuali nel loro parlare, troverete parole come: "chiaro", "semplice", "posso vedere", "una prospettiva". Nel caso di una persona che usa più il senso del sentimento, ci possono essere parole come: "sento", "duro", "tenere", "dolcemente", "toccare", ecc.

Quando si tratta di percezioni sensoriali, ci sono tre tipi principali che si possono raccogliere da una persona, a seconda del modo in cui la persona usa il linguaggio per comunicare con gli altri:

- Visivo - Le persone la cui percezione sensoriale è visiva tendono ad usare frasi sul "vedere" come "la mia visione è chiara", "vedo cosa intendi", "il tuo futuro è luminoso", e parole come "vedere", "immaginare", "colore", "nebuloso", "chiaro", "prevedere", "apparire" o "prospettiva". Tendono anche a descrivere le cose in termini di "vedere" come "piccolo", "leggero", "marrone", "rettangolare", ecc.

- Udito - Le persone la cui percezione sensoriale è uditiva tendono ad usare frasi "uditive" come "ti sento", "ha graffiato il pavimento", "la sua voce era acuta", "ti sto ascoltando", e parole come "ascoltare", "parlare", "discutere", "sentire", "suono", "chiamare", ecc. Tendono anche a descrivere la forma in termini di "sentire" come "forte", "rumoroso", "bip", "ticchettio", ecc.

- Cinestesico - Le persone la cui percezione sensoriale è cinestesica tendono ad usare frasi di "sensazione" come "Sento che questo è il modo migliore per farlo", "Le mie sensazioni non supportano questo", "Era calorosamente accogliente", "Sento questo", "Non posso afferrarlo" o "Ho paura di questo", e parole come "toccare", "sentire", "paura", "temere", "caldo", "fresco", "ruvido", "liscio", "bagnato", ecc

Fate attenzione a questi dettagli e imparate a regolare il vostro stile di parlare di conseguenza. In primo luogo, potete esercitarvi a creare frasi più lunghe con una caratteristica di ogni tipo di percezione sensoriale di cui sopra, in modo che diventi facile e naturale per voi usarle durante le conversazioni reali. Scegli una di queste tecniche di costruzione del rapporto e usala nella tua prossima conversazione. Poi provane un'altra e verifica come funziona per te.

Ogni volta concentrati su un solo elemento, insegnando al tuo cervello esattamente cosa deve cogliere nel discorso dell'altra persona. Grazie a questo, imparerete l'abilità passo dopo passo e sarete presto in grado di usarla automaticamente. Poi, essendo in grado di regolarsi attraverso tutti questi modi contemporaneamente, diventerete un comunicatore significativamente migliore.

Vi parlerò anche di diversi modelli verbali e modelli di pensiero, che spesso si ripetono, e di come riconoscerli e utilizzare questa conoscenza.

È importante che vi ricordiate di essere vigili e attenti quando parlate e ascoltate le persone. Oltre al fatto che mi ero ripromesso di ascoltare attentamente le parole degli altri molto tempo fa, mi trovavo spesso in una situazione in cui a un certo punto dimenticavo di prestare attenzione alla struttura linguistica e accendevo invece il "pilota automatico", perdendo di vista il mio obiettivo nella conversazione.

Con il tempo, tuttavia, ho sviluppato la capacità di essere presente e attento a ciò che l'altra persona stava dicendo. Ho iniziato a notare molto facilmente le credenze e i valori, le esperienze, le parole e le frasi specifiche relative ai sensi. Ricorda, è solo un'altra abilità che puoi imparare.

Questa conoscenza ti dà grandi opportunità. Usala in modo efficace e inizia ad usarla nella tua vita appena puoi.

I Livelli di Comunicazione Verbale e Non-Verbale

Comunicazione Verbale

Il discorso è ciò a cui la maggior parte delle persone pensa quando si menziona la parola comunicazione.

Usiamo il nostro linguaggio così tanto per comunicare con altre persone che abbiamo decine di migliaia di parole per cose diverse.

Solo l'alfabeto inglese ha ventisei lettere diverse che rappresentano particolari suoni usati nel discorso inglese. In altre culture, come quella cinese e giapponese, il loro "alfabeto" è più sillabico con centinaia di simboli che rappresentano cose particolari. In alcuni dialetti africani, c'è persino un click della lingua rappresentato in inglese come un punto esclamativo.

Data la complessità del discorso e di tutte le sue componenti, è il nostro strumento di comunicazione più potente e versatile. Discutiamo ciascuna di queste componenti, poi passiamo agli elementi non verbali della comunicazione.

Lingauggio

La prima componente che voglio discutere è la lingua, perché una cosa può avere termini diversi usati per descriverla tra le migliaia di lingue e dialetti diversi nel mondo.

Se sei qualcuno che vuole comunicare efficacemente con qualcuno, devi prima assicurarti di parlare la stessa lingua.

Se conosci solo l'inglese come la maggior parte degli americani, allora sei a posto se ti trovi solo con persone che parlano inglese. Tuttavia, quando ti trovi improvvisamente in una situazione in cui devi parlare con qualcuno che non conosce l'inglese, allora ti trovi automaticamente in un enorme svantaggio.

Nel mio lavoro di rappresentante d'azienda, sono esposto a persone che parlano diverse lingue, ma la lingua più comune che incontro è lo spagnolo latinoamericano.

Non ho mai capito lo spagnolo quando ero giovane, e crescendo in California, c'erano un sacco di ragazzi che parlavano sia spagnolo che inglese, e i loro genitori a volte parlavano solo spagnolo.

Ricordo che una volta, dopo la scuola, ero a casa di un mio amico e sua nonna si avvicinò a me dicendomi qualcosa in spagnolo, ma io non riuscivo a capire cosa mi stesse dicendo, così chiamai il mio amico. Lui ha tradotto per me, dicendomi che sua nonna mi stava chiedendo se avevo fame e se volevo dei tamales. Ho detto che non avevo fame, ma che mi sarebbe piaciuto provare i loro tamales, cosa che il mio amico ha tradotto a sua nonna.

Se avessi saputo parlare spagnolo, non mi sarei confuso su quello che la nonna stava dicendo e non avrei avuto bisogno di chiamarlo per tradurre per me.

È stato allora che ho capito che avevo bisogno di imparare lo spagnolo perché non volevo più essere confuso in quel modo. Ho iniziato a frequentare più spesso la casa di quell'amico e gradualmente ho imparato la sua lingua.

Fino ad oggi, riesco a capire molto bene lo spagnolo, anche se il mio accento è ancora buffo secondo quello stesso amico, con cui esco ancora spesso e con cui faccio escursioni mensili.

Se ti trovi in una zona con persone che parlano una lingua diversa, sarebbe un vantaggio per te imparare a parlare la loro lingua.

In questo modo non ti perdi niente e a volte è anche divertente ascoltare le persone che parlano quando pensano che tu non le capisci.

Inoltre, imparare a parlare un'altra lingua ti rende più intelligente e ti aiuta ad evitare piccoli incidenti che accadono a causa di cose che si perdono nella traduzione.

Il Tuo Vocabolario

Quante parole conosci? È un po' difficile da contare perché ognuno di noi conosce centinaia di parole diverse che usiamo nelle conversazioni.

E la tua ortografia? Sei bravo a scrivere o ti trovi spesso confuso su come si scrive qualcosa? Usi "night" o lo scrivi "nite"? Conosci la differenza tra "you're" e "your", o usi "your" in modo intercambiabile?

Il modo in cui scrivi conta molto solo se scrivi molto, ma se parli solo per la maggior parte del tempo, allora potresti non preoccuparti troppo, anche se potresti comunque voler migliorare la tua ortografia.

Essenzialmente, il tuo vocabolario è il numero di parole che conosci. È importante perché il tipo di conversazioni che tieni e il livello di intelligenza che mostri dipende in gran parte dal tipo di parole che usi nel parlare con qualcuno.

Per esempio, se non sei un grande giocatore e inizi a parlare con qualcuno a cui piace molto giocare, inizierai a sentire cose come "fps" e un sacco di gergo videoludico che io stesso non capisco.

Ho un amico che è molto appassionato di giochi, e a parte il semplice giocare, è un hobby per lui trovare bug nei giochi che può sfruttare per fare cose che non dovrebbero nemmeno essere possibili nel gioco ufficialmente.

Quando parlo con lui, a volte non capisco le cose che sta cercando di dirmi, e mi ritrovo sempre a chiedere chiarimenti. Alla fine, si è infastidito dalle mie richieste di chiarimento che ha imparato ad attenuare le cose per me.

Il tipo di parole che usi nel parlare a qualcuno può davvero definirti nella sua testa.

Quando ho fatto un corso di marketing, ci hanno insegnato ad usare parole semplici che un bambino di dieci anni può capire chiaramente, perché la maggior parte delle persone non usa parole complicate nel discorso quotidiano. Se inizi a usare parole profonde, allora molto di quello che stai cercando di dire nelle tue campagne di marketing potrebbe semplicemente volare sopra la testa delle persone.

Quindi, fondamentalmente, ci hanno insegnato a mantenere le nostre parole leggere e facili da capire. Questo è essenzialmente quello che dovresti fare anche tu. Devi mantenere le tue parole ad un livello in cui la persona con cui stai parlando non si confonde.

Grammatica

La grammatica si riferisce al modo in cui le tue parole sono organizzate. Si può essere la persona più eloquente là fuori conoscendo tante parole complicate. Puoi anche conoscere ogni possibile lingua là fuori. Ma, se la tua grammatica è terribile, allora il tuo messaggio non sarà inviato così chiaramente come vuoi tu.

Ora, la maggior parte degli adulti sviluppa la grammatica in modo naturale. Il modo in cui la maggior parte delle persone parla normalmente nella propria lingua madre è la grammatica corretta. Il problema di solito sorge quando si parla una lingua diversa.

Per esempio, in inglese si dice "I understand Japanese", ma in giapponese la struttura grammaticale è "Watashi-wa Nihongo-ga Wakarimas" o in inglese letterale, "I Japanese understand". Se sei un madrelingua inglese e parli giapponese a un giapponese, potresti parlare in un modo che segue la struttura grammaticale inglese invece della loro struttura grammaticale nativa.

Se vuoi comunicare efficacemente, devi capire molto bene le regole grammaticali, e devi strutturare le tue parole e frasi in modo da non confondere il messaggio che stai cercando di trasmettere.

Il tuo tono

Ora che abbiamo finito con le parole vere e proprie, passiamo alle altre cose sul modo di parlare che danno contesto a quello che stai dicendo, perché in realtà, c'è molto di più in quello che stai dicendo a parte le parole che usi e una grande parte di esso è il tono della tua voce quando stai parlando.

Ecco quanto è importante il tuo tono. Come esempio, voglio che immaginiate quanto segue:

Tua madre che urla il tuo nome.

Il tuo amante che parla delicatamente il tuo nome.

Il vostro amico che vi chiama casualmente per nome.

In ogni caso, viene usata la stessa parola, che è il vostro nome. Ma ognuno è detto con un tono diverso, e ogni caso significa una cosa diversa dagli altri.

Ecco quanto è efficace il tono quando lo usi. Il semplice tono della vostra voce può essere un messaggio in sé. Indica il tuo umore e il tuo intento.

Anche se usi le parole più carine che puoi trovare in tutto il tuo vocabolario e usi la grammatica migliore e più eloquente, non verrà comunque fuori qualcosa di buono se il tuo tono indica ostilità perché stai urlando e il modo in cui parli è appuntito.

Allo stesso tempo, anche se usate le parole più ostili e offensive che avete e minacciate anche la violenza, l'effetto non sarà così intimidatorio se lo dite in tono monotono. In realtà stavo per dire "se usate un tono morbido", ma a volte le minacce violente possono suonare ancora più spaventose se pronunciate con una voce morbida.

Il vostro tono può facilmente cambiare il contesto delle vostre dichiarazioni, quindi dovete capire come funziona il vostro tono di voce e qual è il tono appropriato per ogni messaggio che volete inviare.

La Tua Velocità

Oltre al tono della voce, esistono anche altri indicatori, come la velocità del discorso.

Naturalmente, ci sono momenti in cui dovete controllare la velocità del vostro discorso, come quando parlate con qualcuno che è duro d'orecchi. In questo caso, normalmente dovete parlare un po' più lentamente perché l'altra persona sia in grado di sentire correttamente ogni parola che state dicendo.

Quando si ha fretta, allora, naturalmente, bisogna parlare un po' più velocemente del solito, in modo da poter finire di consegnare il messaggio nel breve tempo a disposizione.

Per la maggior parte, comunque, quando non controlli coscientemente la velocità del tuo discorso, di solito indica la tua energia.

Quando parlate molto velocemente, per chi vi ascolta, potrebbe indicare un'alta energia. È quando sei eccitato o agitato. D'altra parte, quando parlate molto lentamente, allora l'ascoltatore potrebbe prenderlo come una mancanza di entusiasmo da parte vostra.

A volte, la gente associa anche un discorso lento con un basso livello di intelligenza perché in qualche modo, sembra che ci voglia un po' più di tempo a qualcuno che parla lentamente per elaborare le proprie parole.

Quindi anche la velocità che usi quando parli con le persone è molto importante, e devi esserne consapevole e controllarla il più possibile.

Il Tuo Volume

Anche il tuo volume può dire molto sulla natura del messaggio che stai cercando di dire a qualcuno.

Se hai mai sussurrato all'orecchio di qualcuno, allora sai che probabilmente hai dovuto parlare a bassa voce per evitare di essere ascoltato dagli altri. D'altra parte, quando stai guardando una partita, probabilmente stai urlando forte ai giocatori perché vuoi che sentano la tua frustrazione e dire loro cosa dovrebbero fare.

Quindi, fondamentalmente, il volume della vostra voce potrebbe indicare quanto volete essere ascoltati.

Mi ricordo di un mio zio che ha problemi di udito. Urla sempre le sue parole perché, beh, non può sentirsi parlare, e dimentica che le altre persone possono sentire bene, quindi quando non può sentirsi, pensa che anche gli altri non possano sentirlo. Così, parla ad alta voce per sentirsi parlare e assicurarsi che anche le persone con cui sta parlando possano sentirlo.

Oltre a voler essere ascoltato, il tuo volume può anche indicare il tuo livello di fiducia.

Di solito, una persona timida parla piano perché ha paura di essere ascoltata e umiliata. D'altra parte, una persona sicura di sé può parlare un po' più forte perché vuole essere sentita chiaramente.

Comunicazione Non Verbale

Ora che conoscete i componenti della comunicazione verbale e perché ognuno di essi dovrebbe essere importante per voi, discuteremo i componenti della comunicazione non verbale, perché la comunicazione non riguarda solo ciò che dite. Riguarda anche quello che stai facendo perché tutto quello che fai invia un messaggio, e come qualcuno che vuole proiettare carisma, devi essere consapevole anche di questo ed essere in grado di padroneggiare e controllare anche la comunicazione non verbale.

Prima di procedere a discutere i componenti della comunicazione non verbale, lasciate che vi racconti la storia di un uomo chiamato Jeremiah Denton.

Durante la guerra del Vietnam, fu catturato e costretto a girare un video di propaganda nel 1966.

Mentre il video veniva girato, finse di essere irritato con l'illuminazione usata durante le riprese e sbatté le palpebre mentre parlava durante il video. Come si scoprì, il suo battito di ciglia era un messaggio in codice morse che diceva "tortura".

Da allora, ogni video inviato da vittime di rapimenti, figure come terroristi e criminali, e politici viene analizzato a fondo alla ricerca di messaggi nascosti prima di fare qualsiasi altra cosa con loro, come la trasmissione in TV, per esempio.

Inoltre, se avete mai visto lo show Lie To Me, la premessa è come analizzano gli indizi non verbali, che poi diventano indizi per risolvere i crimini o i conflitti negli episodi. È una serie televisiva, ma non significa che il concetto di lettura degli indizi non verbali sia tutta una finzione. In realtà viene praticato attivamente.

Come ho detto, anche gli indizi non verbali mandano un messaggio, e bisogna essere padroni anche di questo e non fare affidamento solo sulla comunicazione verbale.

Prossemica

In termini semplici, la prossemica è lo studio di come si usa lo spazio nelle interazioni sociali. Fondamentalmente, ciò che significa è che la distanza tra te e un'altra persona e dove sei rispetto alle cose intorno a te e alle persone con cui interagisci hanno un significato.

So che può essere ancora un po' confuso, ma sono sicuro che sarà un po' più chiaro una volta che entrerò più in dettaglio.

Per prima cosa, avete sentito parlare del termine "spazio personale"?

Se non l'hai mai sentito o se l'hai sentito usare ma non hai capito bene cosa significa, allora lascia che ti spieghi.

Secondo gli esperti, in particolare Edward T. Hall, nel suo libro La dimensione nascosta, abbiamo quattro zone diverse determinate dalla nostra distanza preferita quando si tratta di altre persone. Ne parlerò in seguito, partendo dalla zona esterna, fino alla zona più interna.

La prima è la zona pubblica, che è la zona più esterna, e si dice che sia tra i dodici e i venticinque piedi o più.

In questa zona non c'è contatto fisico e nemmeno visivo. Pensate a quando fate acquisti ai grandi magazzini. Cerchi di mantenere il più possibile la distanza dagli altri acquirenti, giusto? È perché non li conosci e probabilmente non sei nemmeno lontanamente interessato a loro.

La seconda zona è chiamata la zona sociale, ed è ovunque da quattro a dodici piedi di distanza da te.

Di nuovo, pensa allo shopping ai grandi magazzini. Immaginate di incontrare un conoscente, magari qualcuno che avete visto qualche volta al lavoro, e volete dire "Ciao". Oppure, forse hai visto qualcuno che hai trovato interessante o che si trova davanti a un prodotto che ti incuriosisce, e vuoi chiedere la sua opinione sul prodotto. Ti avvicini a loro, ma non troppo, giusto?

Ti avvicini abbastanza da permettergli di sentirti parlare con loro, ma mantieni una distanza di sicurezza dove non possono raggiungerti senza che tu te ne accorga o possa reagire.

La terza zona è chiamata la zona personale, che è di circa diciotto pollici a quattro piedi da voi.

Questa è la zona dove tieni i tuoi amici e altre persone con cui ti senti a tuo agio, come alcuni membri della famiglia. È abbastanza vicina per parlare e stringere la mano.

Quando vedi un amico ai grandi magazzini, ti avvicini e gli dai anche una pacca sulla schiena o sulla spalla per farti notare se arrivi da dietro.

La quarta zona è chiamata la zona intima, ed è dai diciotto pollici al contatto diretto.

Di solito è dove tieni le persone a cui tieni veramente e con cui sei veramente a tuo agio, come i tuoi amici molto stretti, l'altro significativo o i tuoi figli.

Quando li vedi nel grande magazzino, sei abbastanza a tuo agio da abbracciarli o baciarli.

Quindi, fondamentalmente, la quantità di distanza che metti tra te e un'altra persona potrebbe essere interpretata come il tuo livello di comfort e intimità con lei.

Quando stai troppo lontano da una persona, allora potrebbe prenderlo come se tu non fossi a tuo agio con lei.

Oltre alle diverse zone, c'è anche il tuo livello degli occhi in relazione ad un'altra persona, o quanto in alto sei posizionato rispetto all'altra persona.

Per esempio, potresti essere intimidito da qualcuno che è molto più alto di te o quando sei seduto e lui è in piedi davanti a te mentre ti parla.

Di solito, una posizione più alta indica potere sulla persona in una posizione più bassa. Se avete visto i prequel di Star Wars o almeno avete

190

visto il meme in cui Obi-Wan Kenobi dice ad Anakin Skywalker che lui ha la posizione più alta e presume che abbia un vantaggio maggiore, è così.

Questo è il motivo per cui i politici e altre persone che tengono discorsi sono di solito posizionati più in alto usando un palco o un podio. Qualcuno che fa un discorso su un palco sarà preso più seriamente di qualcuno che fa un discorso al piano terra. Naturalmente, ci sono questioni di praticità che devono essere considerate, quindi non è sempre vero.

Tuttavia, secondo gli studi fatti in campo medico, in particolare, le relazioni medico-paziente sono significativamente migliori quando il medico si mette a livello del paziente chinandosi o sedendosi piuttosto che quando si alza in piedi e sovrasta un paziente sdraiato in un letto d'ospedale.

Introduzione all'Intelligenza Emotiva

Goleman ha reso popolare il concetto di intelligenza emotiva che definisce come la capacità di comprendere e gestire le nostre emozioni e quelle di chi ci circonda, nel modo più conveniente e soddisfacente.

Crede che l'intelligenza emotiva si basi sulla capacità di comunicare efficacemente con noi stessi e con gli altri e che queste abilità non siano qualcosa di innato ma appreso, quindi possiamo sempre migliorarle.

Quando si parla di emozioni, si riferisce ad atteggiamenti (cioè, credenze cariche di emozioni che ci predispongono ad agire in modo coerente con esse), e a reazioni automatiche (non volontarie o coscienti) con contenuto emotivo.

Secondo Goleman, le persone con intelligenza emotiva hanno le seguenti caratteristiche:

- Comprendono le proprie e altrui emozioni, desideri e bisogni, e agiscono saggiamente in base ad essi.

- Gestiscono correttamente i loro sentimenti e quelli degli altri e tollerano bene le tensioni.

- Sono indipendenti, sicuri di sé, socievoli, estroversi, allegri ed equilibrati.

- La loro vita emotiva è ricca e appropriata, e quando cadono in uno stato d'animo avverso, sanno come uscirne facilmente, senza farsi prendere dalle loro emozioni negative.

- Tendono a mantenere una visione ottimistica delle cose e si sentono a loro agio con se stessi, con i loro pari e con il tipo di vita che conducono.

- Esprimono i loro sentimenti in modo appropriato, senza cedere a sfoghi emotivi di cui poi dovrebbero pentirsi.

Goleman distingue tra intelligenza emotiva intrapersonale e interpersonale. La prima è molto simile all'autostima, mentre la seconda è strettamente legata alla HH SS, come vedremo nelle prossime due sezioni.

Intelligenza emotiva intrapersonale

Goleman descrive l'intelligenza emotiva intrapersonale in un modo simile a quello che intendiamo per autostima, anche se si concentra sui sentimenti. Crede che un aspetto importante dell'intelligenza emotiva intrapersonale sia la capacità di comunicare efficacemente con noi stessi, cioè di percepire, organizzare e ricordare le nostre esperienze, pensieri e sentimenti nei modi migliori per noi.

Questa comunicazione intrapersonale è essenziale per controllare le nostre emozioni, adattarle al momento o alla situazione, smettere di esserne schiavi, ed essere meglio in grado di affrontare in modo ottimale qualsiasi contrattempo, senza alterarci più convenientemente.

Questo autocontrollo emotivo non consiste nel reprimere le emozioni, ma nel mantenerle in equilibrio, poiché ogni emozione ha la sua funzione e il suo valore adattativo, purché non diventi eccessiva o non "trabocchi".

L'equilibrio emotivo è l'alternativa desiderabile a due atteggiamenti opposti indesiderabili, che consistono nel 1) reprimere o negare le nostre emozioni - il che ci renderebbe inibiti - oppure, 2) lasciarci trasportare da eccessi emotivi come una cotta autodistruttiva o una rabbia estrema.

La ricerca del benessere emotivo è uno sforzo costante nella vita di qualsiasi persona, anche se molte volte non ne siamo consapevoli. Così, per esempio, molte delle attività quotidiane, come guardare la televisione, uscire con gli amici, ecc., sono volte a ridurre le nostre emozioni negative e ad aumentare quelle positive.

Intelligenza emotiva interpersonale

Goleman ritiene che l'intelligenza emotiva interpersonale sia la capacità di relazionarsi efficacemente con le nostre emozioni e quelle degli altri, nel campo delle relazioni interpersonali. Include essere in grado di:

- Esprimere adeguatamente le nostre emozioni verbalmente e non verbalmente, tenendo conto del loro impatto sulle emozioni degli altri.

- Aiutare gli altri a sperimentare emozioni positive e ridurre quelle negative (per esempio, la rabbia)

- Ottenere relazioni interpersonali che ci aiutino a raggiungere i nostri obiettivi, realizzare i nostri desideri e provare il maggior numero possibile di emozioni positive.

- Ridurre le emozioni negative che i conflitti interpersonali possono causarci.

Per Goleman, un fattore chiave dell'intelligenza emotiva interpersonale è l'empatia, che egli definisce come la capacità di comprendere i sentimenti degli altri e di mettersi al posto dell'altro. Data la sua importanza nell'HH SS, le dedichiamo la seguente sezione.

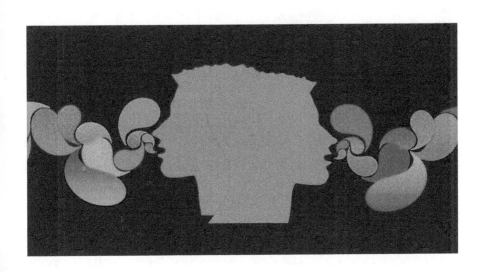

Comunicazione Orale Efficace

La Prima Regola della Conversazione: Ascolta

Un buon oratore è qualcuno che è anche un eccellente ascoltatore. Una comunicazione efficace riguarda tanto lo sviluppo delle tue capacità di ascolto quanto le tue capacità di parlare.

Non interrompere quando una persona sta parlando. Interrompere una persona può inviare un messaggio sbagliato. Dice all'altra persona che tu sei più importante di lei o che quello che sta dicendo non è così interessante come quello che stai dicendo tu. Può anche trasmettere che non vi interessa ciò che l'altro pensa o sente, o che non avete tempo per ascoltare la sua opinione/il suo punto di vista su una questione.

Non è incredibile come alcune persone trasformino una normale conversazione in una gara che deve essere vinta? Non si tratta sempre di dire le battute migliori o di avere l'ultima parola. Alcune persone non credono nella cooperazione o nella collaborazione, ma vedono tutto come una competizione. Invece di ascoltare le altre persone, pensano a cosa dire o a come inquadrare le loro frasi quando l'altra persona sta parlando. Cercano di rispondere, non di capire.

Se non capite una cosa, chiedete all'oratore di ripeterla. Tuttavia, non interrompere immediatamente. Aspettate che l'oratore faccia una pausa. Quando l'oratore fa una pausa, puoi dire qualcosa come: "Aspetta un secondo, per favore. Non ho capito quello che hai appena detto su...".

Offrite dei riconoscimenti per mostrare che state ascoltando attentamente la persona. Può essere qualsiasi cosa, da cenni verbali a "hm" e "ah". L'idea è quella di offrire all'oratore qualche indizio che non lo state solo ascoltando ma che state anche assorbendo ciò che sta dicendo.

Uno dei migliori consigli per il riconoscimento è quello di riflettere sulle emozioni o i sentimenti dell'oratore parafrasando o convalidando ciò che ha detto. "Deve essere stata una situazione terribile per te" o "Devi essere così felice!" o "Capisco che tu sia turbato" sono esempi tipici di riconoscimento dei sentimenti dell'oratore. Anche la parafrasi funziona bene. Quindi quello che stai cercando di dire è......" Questo dice all'oratore che lo avete ascoltato per tutto il tempo.

Mantenete una mente aperta e ascoltate l'altra persona senza cedere alla tentazione di giudicarla e criticarla. A volte, sentiamo un impulso irresistibile di gettare i nostri due centesimi o dare la nostra opinione/suggerimento su qualcosa mentre una persona è all'apice. A volte quello che dicono è addirittura allarmante! Tuttavia, uscite dall'abitudine di valutare o giudicare mentalmente ciò che dicono e ascoltateli e basta. A volte, tutto ciò che le persone vogliono quando parlano è un orecchio che ascolta. Probabilmente hanno già capito cosa vogliono fare.

A meno che la persona non stia attivamente cercando la tua opinione o i tuoi suggerimenti, evita di condividerli. Ascolta senza trarre conclusioni. Il linguaggio è solo una rappresentazione dei sentimenti e dei pensieri della persona. Non sai davvero cosa sta succedendo nella mente di una persona. Ascoltateli attentamente per capirlo. Di nuovo, evita di essere un acchiappa frasi. Questo è particolarmente vero quando si sta comunicando con una persona che si conosce intimamente. L'impulso di finire ciò che hanno iniziato a dire è alto. L'oratore è guidato dal suo proprio treno di pensieri, e tu non sai davvero dove sia diretto. La persona vuole che la ascoltiate, non che parliate per lei o che ci mettiate i vostri due centesimi.

L'empatia è cruciale quando si tratta di essere un buon ascoltatore. Cerca di sentire le emozioni di una persona mentre sta parlando, ed esprimi le stesse attraverso le espressioni facciali. Per esempio, se la persona sta esprimendo tristezza, le vostre espressioni facciali dovrebbero trasmettere a lui o a lei che sentite la sua tristezza. Questo vi fa apparire come un oratore preoccupato, empatico ed efficace.

L'empatia è la pietra angolare dell'ascolto attivo. Mettetevi nei panni dell'altra persona e sentite le emozioni e i sentimenti che l'altra persona sta vivendo in quel momento. Questo spiana la strada per una migliore comunicazione. Quando l'interlocutore si rende conto che lo state ascoltando attentamente e che sentite le sue emozioni, è più probabile che condivida di più.

Come ascoltatore, devi essere attento ma rilassato. Non dovete continuare a fissare la persona mentre parla. Di tanto in tanto distogliete lo sguardo e poi tornate all'oratore. Resta comunque attento. Niente irrita di più un oratore che un ascoltatore disattento! Sii mentalmente presente e presta piena attenzione a ciò che l'oratore sta dicendo. Evita i disturbi come i gadget elettronici e i rumori di fondo. Di nuovo, le più grandi distrazioni vengono inconsapevolmente da dentro di noi. È più probabile che siamo distratti dai nostri pensieri, pregiudizi e sentimenti.

Fate domande solo per capire meglio ciò che la persona sta cercando di dire e non interrompete il flusso di ciò che l'oratore sta cercando di comunicare. Facciamo un esempio. Diciamo che una collega Jill vi sta raccontando di un recente viaggio per sole ragazze che ha fatto in Europa. Sta parlando animatamente e con entusiasmo di tutte le cose che le sono piaciute lì. Nel corso della sua conversazione, menziona il nome di un'amica comune, Rose, che era con lei durante il viaggio. Tu salti dentro più velocemente di quanto tu possa dire "Jill" e chiedi di Rose. "Oh, non ho sentito nulla di lei per un po', anche se l'ultima cosa che ho sentito è che stava divorziando dal suo marito violento". Poi la conversazione si sposta verso la povera Rose, la sua sfortunata battaglia per la custodia, il benessere dei suoi figli, la violenza domestica e le leggi sulla famiglia e altro ancora. Ora, tutto ciò che riguarda l'Europa e la vacanza di Jill svanisce nel dimenticatoio.

In genere, questo succede sempre. Una persona inizia su una nota, e l'ascoltatore nella sua voglia di fare domande fa virare l'argomento in una direzione completamente diversa. Se come oratore ti accorgi che hai portato l'argomento altrove, prenditi la responsabilità di riportare la conversazione all'argomento originale dicendo qualcosa sulla falsariga di "È stato bello sentire di Rose, raccontami di più delle tue divertenti avventure in Europa però".

Inizio della Conversazione - Rompere il Ghiaccio

Il suono del silenzio. A volte il silenzio è d'oro. Altre volte è imbarazzante. Per coloro che non sono naturalmente benedetti dal dono della parlantina, iniziare una conversazione può essere un compito piuttosto difficile. La lotta può essere evidente e può mettere la persona dall'altra parte a disagio, per non parlare della sensazione di imbarazzo che si prova.

Una volta che padroneggiate l'arte delle chiacchiere, non dovrete mai più preoccuparvi. Non dovrai più temere una cena, un primo appuntamento o qualsiasi altro evento potenzialmente imbarazzante che potrebbe metterti in difficoltà, cercando le parole da dire e scervellandoti per trovare qualcosa di valore di cui parlare. Parla di niente! Ha funzionato per Seinfeld e funzionerà anche per te.

Cosa sono le chiacchere?

Le chiacchiere sono come uno spuntino. È.... solo un piccolo pezzo. Può servire a diversi scopi. Potrebbe essere tutto ciò che hai, proprio come quando fai un'escursione e hai bisogno di una barretta proteica per nutrirti. Si può avere uno spuntino da gustare mentre ci si rilassa. Uno spuntino può essere una spinta fino a un pasto completo e può essere un antipasto prima della portata principale, simile a un aperitivo.

Le chiacchiere sono quando si parla di argomenti non controversi, apparentemente non importanti o banali, come il tempo o una partita di sport che si è vista in televisione. Fondamentalmente, è parlare di niente. Non sottovalutatelo, però. "Seinfeld" era uno show televisivo sul nulla che è andato in onda per nove stagioni consecutive ed è stato Valutato da TV Guide come il miglior show televisivo del mondo! Milioni di persone si sintonizzavano per guardarlo ogni settimana. Io lo so. Io ero uno di loro. Quasi due decenni dopo, un numero significativo di persone guarda ancora le repliche. Lo faccio anch'io. In realtà ne ho molte memorizzate. Allora perché io e così tante altre persone amiamo lo show? Personalmente, amo il fatto che posso semplicemente godermi i personaggi che parlano di niente. Non richiede nessuna concentrazione, nessuna analisi, nessun giudizio da dare o qualsiasi altro tipo di pensiero. Posso solo ascoltarli parlare.

"Ehi, Joe! Com'è il tempo?" Potresti chiedere al tuo amico. "Bene", potrebbe rispondere lui. "Sai com'è il Texas a luglio. Fa un caldo torrido, ma non è stato troppo male".

Ora, queste sono chiacchiere. È una chiacchierata di piacere sul nulla.

Quando chiami il tuo amico in Texas dopo un tornado e parli del tempo, è proprio il contrario. "Ehi, Joe! Com'è il tempo?" Potresti chiedere. "Oh, cavolo", potrebbe rispondere lui. "Un categoria 5 è caduto proprio di fronte a me. I miei vicini sono scomparsi e la nostra casa è invivibile. Siamo senza casa, Jim. Possiamo venire a stare da te per circa sei mesi mentre l'assicurazione lotta per la nostra richiesta di risarcimento?"

Questo non è…. un discorso da poco.

Come detto prima, le chiacchiere sono molto simili a uno spuntino. Può essere distribuito per diversi scopi, proprio come uno spuntino. Può essere di aiuto per arrivare alla carne della vostra conversazione. Può servire come piatto principale se questo si adatta al tuo scopo. Si possono fare chiacchiere per piacere e si possono usare le chiacchiere per stuzzicare l'appetito dell'ascoltatore in attesa del piatto principale.

Ecco come si fa

- Ci sono infiniti approcci per iniziare le tue chiacchiere. Ecco alcuni dei miei modi preferiti:

- Fate una domanda. Ciò che è ancora meglio è fare una domanda sulla persona con cui stai parlando o su qualcosa che sai che gli interessa.

- Dai un'occhiata in giro per la stanza. Qualcosa vi farà scattare un'idea. Mettete l'argomento sul tavolo, sempre che non si tratti della moglie del vostro capo che flirta con il direttore del personale o qualcosa di inappropriato o controverso. Se vedi uno smartphone e stai parlando con un esperto di tecnologia, chiedi la sua opinione sull'ultimo modello che è uscito.

- Brainstorm. Questo si fa più o meno come il precedente, tranne che, piuttosto che andare con quello che si vede, sarà quello che si pensa. Viene in mente un orso. La persona accanto a te viveva nelle montagne del Colorado. Chiedete se lui o lei ha mai visto un orso lì. È fantastico se si può facilitare la conversazione menzionando magari un orso. "Ho visto al telegiornale che un campeggiatore è stato attaccato da un orso la settimana scorsa. Ne hai mai incontrato uno quando vivevi in Colorado?".

- Nel caso in cui la persona con cui volete parlare salti la corda e vi faccia una domanda, sentitevi liberi di rispondere con una domanda. Un buon modo per farlo è: "Allora, parlami delle tue vacanze di quest'estate...". Potete rigirarla per concentrarvi su di lui o lei con: "A proposito di vacanze, ho sentito che hai fatto una crociera favolosa...". Non preoccuparti. La gente raramente si offende se si parla di se stessi. Infatti, imparerete presto che è proprio il contrario.

Come fare domande eccellenti - Evitare le domande Sì/No

Asking the right questions is a skill that will make all the difference in every Fare le domande giuste è un'abilità che farà la differenza in ogni area della vostra vita. Essere in grado di rispondere alle domande dimostra che sei istruito e competente, ma sapere come farle è il marchio del buon senso e della volontà di imparare.

Domande sociali - Stabilire un rapporto e andare oltre le chiacchiere

Come sai, le persone che parlano solo di se stesse sono viste come maleducate e noiose. Fare domande è il modo migliore per spostare i riflettori sul tuo interlocutore. Una buona domanda incoraggerà l'altra persona ad aprirsi, creando così un senso di rapporto e intimità tra di voi.

Se hai mai ascoltato una conversazione tra due persone basata su domande ponderate, saprai che esse possono presto trasformare dei completi estranei in due individui sulla via dell'amicizia.

Possono anche aiutarvi ad approfondire una relazione con qualcuno che già conoscete, ma con cui dovete ancora capire o connettervi a qualsiasi livello significativo. Quindi, una volta superata la fase delle chiacchiere, come puoi usare le domande per conoscere meglio qualcuno e aprire la strada a conversazioni interessanti?

Condividi qualcosa di te prima di fare una domanda personale: Ci sono alcuni risultati utili dal mondo della psicologia a cui attingo quando aiuto i miei clienti a fare domande migliori. In primo luogo, abbiamo il principio di reciprocità sociale. Questo significa fondamentalmente che quando qualcuno fa qualcosa di carino per noi, ci sentiamo obbligati a fare qualcosa per loro in cambio.

Robert Cialdini, uno dei più famosi psicologi del mondo, lo copre bene nel suo libro, La psicologia della persuasione. Le persone che sono disposte a parlare di esperienze e opinioni personali sono di solito percepite come più simpatiche di quelle che si attengono ad argomenti impersonali o generici. Infine, quando parliamo di noi stessi a qualcun altro, è più probabile che ci sentiamo gentili con lui.

Prima di fare domande personali, inizia rivelando qualcosa di interessante sui tuoi sentimenti o sulle tue esperienze di vita. Questo crea un'atmosfera di fiducia e incoraggia anche il tuo interlocutore a condividere qualcosa di suo.

Se qualcuno ti dice qualcosa di personale su se stesso o sulla sua vita, rispondi allo stesso modo. Se non sei preparato a rispondere a una domanda, non farla a qualcun altro. Rispondere in anticipo metterà anche qualcuno a proprio agio.

Per esempio, "Mi piacerebbe viaggiare per il mondo un giorno. Qual è il tuo sogno più grande?" è meglio di "Qual è il tuo sogno più grande?". Mostra che sei disposto ad essere vulnerabile, ed è più probabile che si fidino di te.

Domande che creano intimità: La procedura che genera vicinanza di Arthur Aron

Nel 1997, uno psicologo chiamato Arthur Aron realizzò uno studio che sarebbe diventato un punto di riferimento nelle scienze sociali. Mise insieme coppie di sconosciuti e diede loro una serie di domande stampate su foglietti di carta.

Metà delle coppie ricevette una serie di domande personali, e l'altra metà ricevette invece una serie di piccole domande in stile conversazione. Gli estranei che si sono fatti le domande "generatrici di vicinanza" hanno provato un maggior senso di connessione e di comfort con i loro partner.

La morale della storia? Quando possibile, fate domande profonde che vanno oltre i fatti e le cifre. Per darvi un'idea della differenza tra queste categorie, ecco alcuni esempi presi direttamente dall'articolo di Aron:

Domande da "chiacchiere":

- Come hai festeggiato lo scorso Halloween

- Da dove vieni?

- Che liceo hai frequentato?

- Domande "per avvicinarsi"

- Ti piacerebbe essere famoso? In che modo

- Qual è il più grande risultato della sua vita?

- Cosa, se c'è qualcosa, ritieni troppo seria per scherzarci su?

Avrai notato che le domande che generano vicinanza richiedono risposte "profonde" e sono di natura personale. Dovrai usare il tuo giudizio nel decidere quando passare dalle chiacchiere alle domande pesanti.

Aspettate fino a quando sarete in uno stato di forte rapporto con l'altra persona, e poi potrete gradualmente passare da domande relativamente "addomesticate" agli argomenti più profondi. Sii sempre pronto a spostare la conversazione su argomenti più banali se mostrano segni di disagio.

Usa la tecnica del "Parroting" per incoraggiare ulteriori rivelazioni: la tecnica del parroting aiuta le persone timide ad aprirsi. Tutto quello che devi fare è prendere le due o tre parole finali della loro risposta e trasformarle in una domanda. È una richiesta facile e discreta che può dare risposte più soddisfacenti.

Il parroting è anche meno formale che fare una domanda nella sua interezza. Potrebbero volerci un paio di giri, ma stimo che la mia percentuale di successo con questa tecnica sia intorno al novantacinque per cento.

Per esempio:

- Tu: "Hai mai pensato a come sarebbe essere famosi?"

- Loro: "Sì. Non sono sicuro che mi piacerebbe molto. Tutti quei fotografi".

- Tu: "I fotografi?"

- Loro: "I paparazzi mi verrebbero dietro!"

- Tu: "Ti verrebbero dietro?"

- Loro: "Sì. Hai visto la storia della star del cinema che..."

Ascoltate gli indizi: Se presti molta attenzione ai commenti innocenti (o non così innocenti) che qualcuno fa, noterai che faranno riferimento allo stesso argomento (o agli stessi argomenti) in più occasioni. Questo ti dà un prezioso punto di partenza per domande significative che toccano le sue passioni più profonde. Ti mostrerò come questo può funzionare in pratica.

Recentemente ho incontrato un nuovo contatto per un pranzo di lavoro. Quando ci siamo seduti, ha spazzolato una macchia di fango secco dalla sua gonna. "Oh, guarda un po'!", ha detto, "È colpa del mio cane. Mi salta sempre addosso quando cerco di uscire di casa". La conversazione si è poi spostata sull'attività del mio contatto e sui loro ultimi prodotti.

Ha parlato della loro gamma di webcam e applicazioni di visualizzazione a distanza. "Naturalmente, sono ottime per i genitori che vogliono controllare i bambini e le babysitter", ha detto. "E piacciono anche ai proprietari di cani!" Ho iniziato a capire il messaggio: questa donna era pazza per i cani. Quando qualcuno è veramente appassionato di qualcosa, di solito salta fuori nella conversazione, anche se l'argomento originale è totalmente estraneo.

L'incontro stava procedendo bene, ma mancava quella scintilla speciale che rende una conversazione davvero eccezionale. Durante il dessert, accennai casualmente al fatto che non vedevo l'ora di andare presto a trovare mia sorella. "È sempre bello passare del tempo nella sua fattoria", ho detto.

"Sai, per allontanarsi da tutto. E ha questi cani adorabili! Hai detto di avere un cane...". "Non ho avuto bisogno di dire molto di più.

Era tutto il permesso di cui aveva bisogno. Quando è arrivato il momento di separarci, ha insistito che ci saremmo incontrati nel prossimo futuro, e che io ero "una così buona conversazione". Naturalmente, tutto quello che avevo fatto era una domanda semplice ma ben scelta. Questo trucco può costruire un rapporto in pochi secondi.

Inquadrate la vostra domanda come qualcosa di degno di eccitazione: Prima ancora di fare una domanda, cogliete l'opportunità di influenzare il modo in cui l'altra persona la percepirà. Se dite: "Ora, ecco una buona domanda...", è più probabile che chi vi ascolta assuma che qualsiasi cosa chiediate sarà interessante che se dite: "So che questa è una domanda ovvia, ma...."

Fate domande significative sul "noi": Se riesci a combinare una domanda "noi" con un problema che è importante per il tuo partner di conversazione, sei su un vincitore. Nota che entrambe le parti dell'equazione devono essere al loro posto. Una banale domanda del tipo "noi", come: "Pensi che dovremo rimanere cinque minuti in più alla fine di questa riunione?" è un bel pezzo di conversazione, ma non costruirà un alto livello di rapporto o incoraggerà la divulgazione personale.

Tuttavia, domande come: "Allora, pensi che saremo comprati entro la fine dell'anno?" o "Pensi che dovremmo tutti dare più soldi in beneficenza?" invitano qualcuno a pensare a voi come membri della stessa squadra, e a rivelare le loro opinioni personali allo stesso tempo. Questo aumenterà il rapporto e porterà a discussioni interessanti.

Come fare domande quando hai bisogno di risposte concrete

Naturalmente, alcune domande hanno un solo scopo: ottenere informazioni concrete. Le userete in contesti di lavoro e quando avete bisogno di concentrarvi su fatti oggettivi piuttosto che su come qualcuno si sente. Prima di porre la domanda, assicurati di sapere cosa vuoi ottenere.

Per esempio, potresti cercare di ottenere una comprensione approfondita di come funziona un reparto della tua organizzazione, o potresti essere desideroso di imparare esattamente come viene eseguita una particolare procedura medica. Tieni il tuo obiettivo in primo piano, perché questo ti guiderà durante la conversazione.

Assicurati di chiedere alla persona giusta

La persona con più conoscenze su un argomento non è sempre nella posizione migliore per rispondere alla tua domanda. Tutti noi conosciamo persone che hanno una grande conoscenza di un argomento, ma non sono molto bravi a comunicare le informazioni. L'ideale sarebbe chiedere a qualcuno che ha una conoscenza di base rilevante, la capacità di esprimersi e la fiducia necessaria per affermare le proprie opinioni.

Ovviamente, non avrete sempre accesso a qualcuno che corrisponde perfettamente a questa descrizione, ma questi tre criteri possono aiutarvi a restringere le vostre opzioni. Questo è particolarmente rilevante se la tua domanda è tecnica, o richiede l'input di qualcuno con un alto livello di competenza.

Se ti stai rivolgendo a qualcuno che non conosci nella speranza che ti aiuti a rispondere a una domanda importante, fai prima una piccola ricerca di background. Considerate da dove viene questa persona, il suo livello di istruzione, i suoi interessi e anche (se l'informazione è disponibile) il suo tipo di personalità.

I social media possono essere un ottimo strumento in questo caso! Se avete un amico in comune, chiedetegli un consiglio, se possibile. Per esempio, potresti chiedere: "Sto per avere un incontro con X, per chiedergli di Y. Qualche consiglio per aiutarmi ad avere una conversazione produttiva con loro?

Non sprecare il tempo di nessuno

Prima di fare una domanda, assicurati di aver esaurito tutte le vie più ovvie. Ci vogliono solo pochi secondi per usare Google, dopo tutto. Anche quando la vostra ricerca non trova le risposte di cui avete bisogno, dovreste comunque essere disposti a mostrare che avete fatto lo sforzo.

Per esempio, "Ho guardato il capitolo pertinente nel libro di testo e ho fatto qualche ricerca online, ma non riesco a capire questo argomento. Puoi spiegarlo?" otterrà una risposta più comprensiva di "Non lo capisco proprio. Puoi spiegarmelo?".

Il mio amico Jack è un professore di informatica. Una volta mi ha detto che i suoi studenti più deboli sono quelli che non capiscono come usare la loro iniziativa. Tendono a mandargli un'e-mail ogni volta che incontrano un ostacolo, piuttosto che fare lo sforzo di usare le molte risorse online a loro disposizione. A Jack non dispiace aiutare i suoi studenti (ama trasmettere le sue conoscenze!), ma rispondere alle stesse domande di base giorno dopo giorno lo infastidisce molto. È molto più probabile che risponda positivamente a uno studente che ha fatto uno sforzo genuino per aiutarsi prima di venire da lui.

Se hai l'impressione che qualcuno pensi che tu abbia sprecato il suo tempo, chiedigli cosa potresti fare per aiutarti in futuro. Questo dà loro la possibilità di passare link a libri, siti web e altre risorse che ti permetteranno di trovare risposte in modo indipendente.

Quando si tratta di formulare effettivamente la tua domanda, tieni a mente i seguenti punti:

Inizia dalle basi se hai bisogno di chiarimenti: Se non sei sicuro di cosa significhi un pezzo di gergo, chiedi! È meglio rischiare un leggero imbarazzo che rimanere in silenzio e fare un errore costoso in seguito.

Fai solo una domanda alla volta: A nessuno piace trovarsi alla fine di una raffica di domande, e combinare più domande in una lunga frase sconclusionata è un modo sicuro di infastidire o confondere qualcuno. Stabilisci le domande a cui devi rispondere e pensa all'ordine più logico in cui farle.

Se possibile, scrivile come una lista su un pezzo di carta o come una nota sul tuo telefono. Questo potrebbe sembrare un po' strano se stai parlando con un amico o un parente (al contrario di un capo o un professore), ma è uno strumento utile che ti terrà sulla buona strada. Se stai facendo diverse domande importanti, è una buona idea prendere appunti o registrare la conversazione per rivederla in un secondo momento.

Se si tratta di una domanda complessa, fatelo sapere fin dall'inizio: Fate sapere all'altra persona se avete bisogno di farle una domanda particolarmente difficile. Date loro l'opportunità di liberare la mente in modo che si concentrino completamente su ciò che state per dire.

Sapere quando interrompere: In generale, è scortese interrompere qualcuno se sta parlando, e la regola si applica ancora se gli avete appena fatto una domanda. Tuttavia, ci sono momenti in cui interrompere è la cosa più sensata da fare.

Per esempio, se qualcuno risponde alla tua domanda ma poi comincia ad avventurarsi lontano dall'argomento in questione, un semplice "Mi dispiace interrompere, ma voglio solo chiarire qualcosa" può funzionare per riportare la conversazione sui binari giusti. Questo trucco funziona anche se l'altra persona non ha capito bene la tua domanda, e ti ha dato una risposta inaspettata che non ha senso.

Non diventare nervoso se fanno una pausa di riflessione: Se l'altra persona smette di parlare per un momento, o aspetta diversi secondi prima di lanciarsi nella sua risposta, non prenderlo come un segno che hai fatto il tipo sbagliato di domanda. Quando qualcuno fa una pausa per raccogliere i suoi pensieri, ti sta facendo il complimento di trattare la tua domanda come una questione degna di seria considerazione. Dagli lo spazio di cui ha bisogno. Non saltare dentro e iniziare a parlare solo per il gusto di riempire il silenzio.

Non condurre qualcuno su una strada particolare: Se vuoi sapere cosa pensa veramente qualcuno, evita di fargli una domanda che lo guidi. Le domande guida sono quelle che incoraggiano qualcuno a rispondere in un modo particolare. Per esempio, guarda le seguenti coppie di domande:

- Domanda guida: "Quali problemi stai affrontando in questo progetto?"

- Domanda non leader: "Potresti dirmi come sta andando questo progetto?"

- Domanda guida: "Non sarebbe una buona idea donare più soldi a questa associazione?"

- Domanda non leader: "Cosa ne pensi della quantità di denaro che attualmente doniamo a questa associazione?"

Nel primo esempio, la domanda principale presuppone che l'altra persona stia affrontando alcuni problemi, il che la incoraggerà a soffermarsi sugli aspetti negativi della sua esperienza. L'alternativa permette risposte che si concentrano anche sulle buone notizie, il che risulterebbe in una valutazione più equilibrata della situazione.

Nel secondo esempio, la domanda guida suggerisce che donare più soldi all'associazione è ovviamente una buona idea, incoraggiando così l'intervistato ad essere d'accordo. La domanda non guida è aperta, permettendo all'altra persona di esprimere le sue vere opinioni sull'entità della donazione.

Prova un altro approccio se il primo non funziona: Ognuno di noi ha le proprie manie e preferenze quando si tratta di fare e rispondere alle domande. Per esempio, alcune persone non amano le domande dirette e le interpretano come una sorta di aggressione conversazionale. Non scoraggiatevi se incontrate un muro. Pensate a un modo diverso di formulare la domanda.

Anche l'umorismo può essere uno strumento potente per ottenere risposte. Una semplice battuta come: "Dai, la suspense mi sta uccidendo!" può alleggerire l'atmosfera, aiutare il vostro bersaglio a rilassarsi, e quindi aumentare la probabilità che vi dia la risposta di cui avete bisogno.

Usare le domande per cambiare la mente di qualcuno

Le domande non funzionano solo come mezzo per ottenere informazioni. Possono anche essere usate per far cambiare idea a qualcuno, o almeno per fargli considerare punti di vista alternativi. Quando si cerca di convincere qualcuno a cambiare idea, la maggior parte delle persone cerca di esporre un argomento logico, o di fare un appello appassionato sul perché il proprio punto di vista è giusto e l'opinione dell'altra persona è sbagliata.

Ma quando si prende un minuto per pensarci, ci si rende conto che questo spesso non funziona. Non appena qualcuno capisce che siete in missione per fargli cambiare idea, le metaforiche serrande si abbassano.

Avrete più fortuna se farete domande ben scelte, aperte, che permettano alla persona di sfidare le proprie supposizioni. Tendiamo ad approvare un'idea o un suggerimento se ci abbiamo pensato per primi - o almeno, se pensiamo di averci pensato per primi. Perciò, incoraggiare qualcuno a mettere in discussione la propria visione del mondo darà spesso risultati migliori che cercare di costringerlo ad accettare la vostra opinione come un fatto.

Porre una catena di domande ben scelte porta qualcuno a guardare i propri punti di vista da un'altra angolazione, il che potrebbe innescare nuove intuizioni. Questo è più o meno quello che fanno i migliori terapeuti. Non dicono ai loro clienti cosa pensare. Invece, usano la raffinata arte di porre domande per aiutare il cliente a giungere alle proprie conclusioni. Quando un terapeuta vuole suggerire a un cliente di guardare la sua situazione sotto una nuova luce, lo fa solo dopo che quest'ultimo ha avuto la possibilità di esprimere i suoi pensieri.

Puoi usare le seguenti domande per stabilire cosa pensa qualcuno su una certa questione:

- "Potresti dirmi che ne pensi?"

- "Come ti senti rispetto a questo particolare problema?"

- "Sono molto interessato alla tua opinione. Ti dispiacerebbe dirmi cosa pensi?"

Una volta che avete una buona comprensione di ciò in cui credono, potete incoraggiarli a valutare le loro convinzioni usando le seguenti domande:

- "Come sei arrivato a quella conclusione?"

- "Quando le persone discutono con te su questo argomento, quali punti cercano di fare?"

- "Ci sono fatti che la sua teoria non può spiegare?"

- "Quali prove, se ce ne sono, le farebbero cambiare idea?"

- "Hai degli amici che hanno credenze opposte?"

Ascoltare attentamente le loro risposte senza intervenire li farà sentire come se foste veramente interessati a ciò che hanno da dire. A loro volta, saranno più propensi a prendere in considerazione i vostri punti di vista e a valutare le loro opinioni.

Solo una volta che sono in uno stato d'animo ricettivo, dovreste presentare il vostro punto di vista sulla questione. Ovviamente, non c'è alcuna garanzia che accetteranno il tuo punto di vista, ma per lo meno, avrai goduto di un rispettoso scambio di opinioni.

Chiedere un favore - "Può" contro "Lo farà

Che ne dite di chiedere a qualcuno di concedervi un favore? Fai appello al senso di orgoglio di qualcuno, e le tue possibilità di successo aumentano. Tutto quello che devi fare è sostituire "può" con "vorrebbe" o "farà".

"Potresti aiutarmi a trovare il centro conferenze?" è meno efficace di "Puoi aiutarmi a trovare il centro conferenze? Quando si chiede a qualcuno se può fare qualcosa, inizia immediatamente a valutare le proprie capacità.

Internamente, arriverà a un "Sì", un "No" o un "Forse". È più probabile che la loro risposta rifletta le loro capacità, non il loro desiderio di aiutarvi. "Posso o non posso?" è più facile rispondere che "Aiuterò questa persona o no?"

Fare le domande giuste è un'abilità chiave della conversazione. La prossima volta che riuscite a ottenere una risposta utile da qualcuno, riflettete su

216

come avete posto la vostra domanda, e archiviate quella strategia per un uso futuro. Ricordate che ciò che funziona con una persona potrebbe non funzionare così bene con un'altra, quindi siate pronti ad adattare il vostro approccio come necessario.

Come smettere di temere il giudizio altrui

La cosa più significativa che puoi fare per superare l'ansia sociale è affrontare gli eventi sociali di cui hai paura, piuttosto che evitare le attività. L'evitamento mantiene l'ansia sociale. Quando previeni un evento snervante, può aiutarti a sentirti bene temporaneamente; l'evitamento ti impedisce di sentirti a tuo agio negli eventi sociali e di capire come affrontarli a lungo termine. Più ci si tiene lontani dall'evento sociale temuto, più questo diventa preoccupante.

Ti impedisce di fare cose che ti piacerebbe fare o di raggiungere obiettivi particolari. Per esempio, la paura di parlare può impedirti di condividere le tue opinioni al lavoro.

Anche se sembra impossibile superare un temuto evento di ansia sociale, è possibile superarlo facendo un passo alla volta. Ciò che è cruciale è, per cominciare, un evento che si può affrontare e lentamente lavorare la vostra strada fino a situazioni difficili, sviluppando le vostre abilità di coping e la fiducia in se stessi come si sposta su per la scala di ansia.

Per risalire la scala dell'ansia sociale:

- Non cercate di affrontare la vostra paura significativa all'istante. Non è un'idea perfetta quella di muoversi in fretta o di prendere troppe cose. Questo potrebbe ritorcersi contro e aumentare il vostro livello di ansia.

- Essere pazienti. Superare l'ansia sociale richiede pratica e tempo. È un lento progresso passo dopo passo.

- Applica le tecniche che hai imparato per rimanere calmo, per esempio, concentrandoti sui tuoi pensieri negativi impegnativi e sulla respirazione.

Usare l'empatia nelle conversazioni

Come puoi segnalare che sei pronto e disposto a prendere una posizione empatica? Se senti che qualcuno vuole aprirsi con te, ecco come puoi fare dei passi verso la comprensione della posizione di qualcun altro.

Non parlare male degli altri. Mantieni un tono non giudicante. Le azioni e i comportamenti degli altri tendono a venire fuori in ogni tipo di conversazione. Tutti spettegolano di tanto in tanto.

Tuttavia, se vuoi che qualcuno si senta a suo agio nell'aprirsi con te, devi combattere l'impulso di parlare male degli altri. Chi si sentirà sicuro a parlare con te se dimostri ripetutamente la volontà di pugnalare gli altri alle spalle?

Nessuno si sente sicuro ad aprirsi con qualcuno che giudica, perché teme di essere giudicato anche lui! Ovviamente, dovresti anche astenerti dal dare giudizi su ciò che il tuo interlocutore ti sta dicendo.

Dovresti anche astenerti dal dare consigli non richiesti. Supponete che se vogliono che voi diate un suggerimento, ve lo chiederanno.

Mostra che stai prendendo una posizione di ascolto espansiva. Ricordate, una posizione di ascolto espansiva è quella in cui seguite felicemente e pazientemente il treno dei pensieri dell'ascoltatore, senza giudizio.

Se mostrate anche il minimo accenno di impazienza, l'altra persona si spegnerà. Presumerà che voi preferirete che la conversazione finisca e sia finita. Questo non li incoraggerà a fidarsi di voi.

Chiedete direttamente ma delicatamente se c'è qualcosa che gli passa per la testa. Se il tuo interlocutore sembra un po' distratto e il suo linguaggio del corpo è teso, chiedigli se c'è qualcosa di cui vorrebbe parlare. Non essere aggressivo. Dagli solo la possibilità di parlare se vogliono farlo.

Naturalmente, se ti dicono che qualcosa li preoccupa ma che preferirebbero non parlarne, dovresti mostrare empatia dicendo loro che li capisci e che se cambiano idea possono ancora venire a parlarti.

Date loro il tempo di "svuotare il serbatoio". Quando è stata l'ultima volta che qualcuno vi ha veramente ascoltato, senza intervenire con un'interruzione o un giudizio? Sappiamo tutti che a volte vogliamo solo dire a qualcuno esattamente quello che pensiamo e sentiamo.

Se siamo fortunati, avranno empatia per la nostra posizione e faranno di tutto per darci tutto lo spazio di cui abbiamo bisogno. Se vi trovate ad occupare il ruolo di ascoltatore, permettete all'altra persona di dire tutte le cose che ha bisogno di dire.

Quando interrompete qualcuno, gli state segnalando che i vostri pensieri personali sono più importanti del suo diritto di parlare. Questo non è il messaggio che volete inviare.

Cercate di mostrare il rispetto positivo incondizionato (UPR). Il terapeuta umanistico Carl Rogers usava un concetto chiamato "Unconditional Positive Regard" quando parlava con i suoi clienti. Credeva che ognuno ha tutte le risorse necessarie per risolvere i propri problemi, ma a volte hanno bisogno del giusto tipo di ambiente in cui elaborare la soluzione migliore.

Questo è un quadro davvero utile se state cercando di assumere una posizione empatica. Proprio come Rogers, prendete la decisione di accettare l'altra persona così com'è, indipendentemente dal suo discorso o dalle sue azioni.

Questo non significa che dovete essere d'accordo con quello che hanno fatto, e non significa che dovete lasciarli agire in modo minaccioso o inappropriato. Pensate alla UPR come a uno strumento che potete usare per lasciare da parte i vostri pregiudizi personali e avvicinarvi alla conversazione da un punto di vista ricettivo.

Quando lavorate partendo dal presupposto che l'altra persona è in fondo un individuo buono e razionale con la capacità di cambiare, è probabile che mostriate loro una vera accettazione e reagite in modo empatico.

Cosa dire quando ti dicono qualcosa di scioccante

L'empatia è uno dei più grandi doni che una persona possa fare ad un'altra, ma dovrebbe essere accompagnata da un'etichetta di avvertimento. Quando si crea uno spazio sicuro per qualcuno, c'è la possibilità che condivida con voi i suoi segreti personali più profondi.

Questo non sarà sempre un ascolto facile. Alcuni di questi segreti saranno tristi, ma relativamente "normali". Esperienze che la maggior parte di noi può raccontare, come sentirsi senza speranza dopo aver perso un lavoro, o sentirsi profondamente depressi dopo aver rotto con un partner, rientrano in questa categoria.

In altre occasioni, potreste scoprire che il vostro interlocutore vi dice qualcosa che vi sconvolge. Non importa quanto si pensi di essere preparati o quanta esperienza di vita si sia accumulata, a volte bastano pochi secondi perché una conversazione prenda una piega sorprendente.

Potreste non essere in grado di contenere la vostra indignazione o tristezza. Finché non fate delle vostre emozioni il centro della conversazione, va bene far sapere all'altra persona come vi sentite.

Non sei un robot. Una semplice affermazione come "A me sembra terribile" o "Non posso fare a meno di sentirmi triste per te" non lascerà dubbi sul fatto che ci tieni, ma allo stesso tempo traccia una linea ferma tra i loro sentimenti e i tuoi.

Punta sempre all'onestà. Se ti chiedono come ti fa sentire la loro rivelazione, faglielo sapere. Sii autentico e aperto con le tue emozioni, perché questo a sua volta permetterà all'altra persona di sentirsi sicura nel dirti cosa sta succedendo nella sua mente e nel suo cuore.

Se non potete fare a meno di reagire con forza a qualcosa che vi viene detto, assicuratevi di dire all'altra persona che non è colpa sua. Dite loro che siete onorati che abbiano scelto di aprirsi con voi, e sottolineate che i vostri sentimenti sono solo vostri da gestire.

A volte, la risposta migliore è in realtà nessuna risposta. Ricordate che le persone non sempre si aprono perché vogliono o hanno bisogno che qualcuno dica loro cosa fare. Spesso si aprono perché sentono il bisogno di essere ascoltate.

Anche un semplice gesto può andare bene al posto delle parole. Un tocco leggero sul braccio, un lento cenno della testa, o anche un abbraccio (se hai già un rapporto stretto con la persona) può dare molto conforto.

Migliora le abilità comunicative

Le persone di maggior successo che alla fine diventano leader e manager sul posto di lavoro sono quelle che riescono a fare un'ottima impressione su tutti quelli con cui lavorano grazie a come comunicano bene. Naturalmente, anche la capacità di fare bene il lavoro gioca un ruolo importante, ma quando si riesce a comunicare in modo significativo ed efficace con le persone con cui si lavora, si è già a metà strada verso il successo.

Al lavoro, ci viene richiesto di comunicare molto di più di quanto faremmo normalmente nella nostra vita quotidiana. Comunichiamo con i clienti, con i colleghi, con i manager, con i capi, attraverso le e-mail, al telefono e persino durante le riunioni e le presentazioni. Ecco cosa puoi fare per migliorare le tue capacità di comunicazione sul posto di lavoro:

- Migliora il tuo linguaggio del corpo - Il linguaggio del corpo è applicabile anche sul posto di lavoro, forse ancora di più perché è qui che conta davvero. Al lavoro, il modo in cui ci si comporta e si comunica è importante tanto quanto il modo in cui si svolge il lavoro. Ricordate come i nostri segnali non verbali possono parlare molto anche quando non diciamo una parola? Quindi, mentre sei

222

al lavoro, adotta sempre un linguaggio del corpo sicuro ogni volta che entri nel tuo posto di lavoro. Non ciondolare, non piegare o incrociare le braccia, non aggrottare le sopracciglia o sembrare imbronciato. Sii sempre positivo, e proietta un modo caldo e accogliente, sorridi e stabilisci un contatto visivo con le persone che ti passano accanto.

- Evita di comunicare troppo - Evita di essere prolisso e di menare il can per l'aia quando hai discussioni e conversazioni al lavoro. Si può pensare che si stia cercando di essere il più efficace possibile comunicando ogni piccolo dettaglio, anche ciò che è apparentemente inutile, ma evitare di farlo perché c'è una cosa come l'eccesso di comunicazione. Anche nelle presentazioni, parlare troppo a lungo ti mette a rischio di perdere l'attenzione del tuo pubblico. Il modo migliore per comunicare efficacemente è essere brevi, concisi e comunicare solo ciò che è necessario e pertinente alla situazione o alla discussione in corso.

- Cercate un feedback - Il modo migliore per sapere se siete efficaci in quello che fate, o se quello che state facendo sta funzionando, è cercare un feedback onesto dai vostri colleghi. Cercare regolarmente un feedback vi aiuterà a scoprire su quali aree dovreste lavorare per migliorare, e spesso sono gli altri che possono dare una prospettiva migliore sulle cose che possiamo trascurare.

- Impegnati con il tuo pubblico - Se hai il compito di presentare a una riunione, questo è un ottimo modo per mettere in pratica le tue capacità di comunicazione efficace. Ora, le presentazioni aziendali non sono l'argomento più avvincente, e i tempi di attenzione alla fine vanno alla deriva, quindi cosa fanno i comunicatori efficaci? Si impegnano con il loro pubblico. Essere efficaci nella vostra comunicazione richiede che possiate consegnare i punti che volete dire a un pubblico che sta prestando attenzione. Durante la riunione o la presentazione, fate domande e incoraggiate il vostro pubblico a rispondere e a condividere i loro punti di vista.

- Attento al tuo tono di voce - Sul posto di lavoro, devi sempre assicurarti che il tuo tono sia professionale ma allo stesso tempo amichevole e accogliente. A volte può essere necessario essere assertivi per essere fermi su un punto, ma comunque, cerca di mantenere un tono professionale quando lo fai per evitare di sembrare aggressivo. Una comunicazione efficace sul lavoro richiede che tu sia in grado di essere sicuro di te, diretto, professionale e allo stesso tempo calmo e cooperativo.

- Controllare la grammatica - Questo passo è applicabile alle e-mail e alla comunicazione scritta sul posto di lavoro. I comunicatori più efficaci sono quelli che possono scrivere in modo impeccabile, senza errori, perché fanno uno sforzo in più per controllare e correggere tutto ciò che scrivono o digitano prima di premere il pulsante di invio. Controllalo due volte, controllalo tre volte, controllalo tutte le volte che hai bisogno per assicurarti che tutto sia completamente a posto prima che venga inviato. Impressionerai tutti con la tua perfetta grammatica e punteggiatura, e quelli che leggeranno le tue e-mail saranno in grado di capire cosa stai cercando di dire proprio come se tu fossi lì davanti a loro a parlare con loro.

- Parlare con chiarezza - Una buona comunicazione significa essere in grado di essere facilmente compresi da tutti coloro con cui si parla. Uno dei modi più semplici per farlo è semplicemente migliorare la chiarezza del tuo discorso. Pronuncia ed enuncia correttamente le tue parole, non avere fretta nelle tue frasi, non borbottare, non borbottare ed evitare di usare quei riempitivi di conversazione di cui abbiamo parlato prima (evitare gli um e gli ah). Esercitatevi ad essere in grado di esporre i messaggi che volete dire con il minor numero possibile di parole concise, questo vi aiuterà a parlare con chiarezza perché sapete già esattamente cosa deve essere detto. Preparare i tuoi punti di conversazione prima del tempo è un altro ottimo modo per aumentare la chiarezza del discorso e mantenere i riempitivi della conversazione al minimo. Aiuta anche a evitare di parlare eccessivamente e inutilmente di punti irrilevanti, perché volete che il vostro interlocutore abbia chiaro il messaggio, non che si allontani dalla discussione sentendosi ancora più confuso.

- Pratica la cordialità - Ti piacerebbe parlare con qualcuno che è poco amichevole e distaccato in ufficio? La risposta ovvia sarebbe no. Nessuno vorrebbe impegnarsi in una conversazione perché sarebbe scoraggiato dal contegno della persona ancor prima che abbia detto una parola. Per diventare un comunicatore efficace al lavoro, è necessario iniziare ad adottare un personaggio amichevole e accessibile che incoraggerà i vostri colleghi a volersi avvicinare a voi e ad avere una conversazione con voi. Un approccio amichevole è ancora più importante quando si sta avendo una discussione faccia a faccia, soprattutto se si è in una posizione manageriale, perché i tuoi colleghi non vorranno aprirsi con te se si sentono intimiditi ancora prima che la discussione sia iniziata correttamente.

- Essere fiduciosi - Essere fiduciosi è una parte importante del diventare un comunicatore efficace in generale. Quando interagisci con gli altri intorno a te sul posto di lavoro, nel momento in cui mostri di essere sicuro di te, ti sarà molto più facile tenere conversazioni efficaci con i tuoi colleghi e membri del team che porteranno a fare le cose. Perché? Perché sono attratti dal vostro approccio sicuro. Le persone sicure di sé non sono ostacolate dalle sfide, si alzano per affrontarle, e questo è ciò che le persone al lavoro vogliono seguire. Qualcuno che sa cosa sta facendo e lo fa con fiducia.

- Dite no alle distrazioni - Le sale riunioni esistono sul posto di lavoro per una ragione, ed è il momento di farne pieno uso. Il modo migliore per avere una conversazione significativa con le persone con cui si lavora è quello di mantenere le distrazioni al minimo. In un ambiente come quello di lavoro, dove tante persone lavorano a stretto contatto l'una con l'altra, i telefoni possono squillare costantemente, le persone saranno in movimento camminando su e giù, e diverse conversazioni potrebbero essere in corso allo stesso tempo. Non è esattamente l'ambiente più favorevole per tenere una discussione, tanto meno una conversazione efficace. Mantenete le distrazioni al minimo, andate in una sala riunioni e chiudete la porta, mettete via i telefoni e poi, quando entrambe le parti sono pronte, iniziate la vostra conversazione.

- Mantieni i tuoi punti coerenti - Essere in grado di consegnare messaggi in modo efficace significa che devi essere in grado di rimanere sul punto e coerente con quello che stai dicendo. Aiuta se ti attieni ai fatti e al focus della discussione a portata di mano, scrivi e prepara i tuoi punti di conversazione prima di tenere la conversazione. I tuoi punti dovrebbero fluire senza intoppi, e niente dovrebbe contraddirsi l'un l'altro perché potresti finire per confondere il destinatario del tuo messaggio e diventare insicuro su ciò che stai cercando di dire. I punti chiave del tuo messaggio rischiano anche di andare persi quando ti contraddici troppo. Pianifica e preparati in anticipo, prendi degli appunti e tienili pronti se hai bisogno di farvi riferimento per aiutarti a mantenere la rotta. È così che ti eserciti a diventare un comunicatore più efficace.

- Rimanere il più trasparente possibile - Non c'è niente che non piaccia di più sul posto di lavoro della mancanza di trasparenza. Se sei in una posizione di leadership in particolare, la trasparenza è importante nei tuoi sforzi per diventare un comunicatore più efficace in generale. Non cercare mai di nascondere informazioni, o lasciare fuori pezzi di informazioni quando si lavora con i tuoi colleghi su un progetto o si lavora in un team. Diventa difficile per tutte le persone coinvolte comunicare bene se non hanno tutte le informazioni necessarie a portata di mano per lavorare. Se sei tu il responsabile di un progetto di squadra, comunica chiaramente con i tuoi colleghi quali sono le scadenze e gli obiettivi del progetto, e assicurati che tutti abbiano chiaro cosa deve essere fatto prima di andare avanti.

Comunicazione Persuasiva

Per definizione, la persuasione è l'atto di fare uno sforzo per convincere qualcuno a fare qualcosa o a cambiare le sue convinzioni in favore di alcune che voi pensate siano utili. L'empatia non può portarvi alla persuasione perché vi fa vedere che l'altra persona ha ragione di suo. Tuttavia, se capisci appieno da dove viene una persona, puoi elaborare una strategia e trovare un modo per persuaderla a cambiare idea. Questo è il motivo per cui si dice che la persuasione sia un'arte.

Vedete, l'arte è qualsiasi attività che una persona usa per esprimere le emozioni sepolte dentro. Trasmette messaggi complessi che le parole non porterebbero. Tuttavia, può essere intellettualmente impegnativo, complesso e coerente. Detto questo, il prodotto della tua arte deve essere un pezzo originale. Pertanto, richiede una grande quantità di abilità e pazienza.

L'arte della persuasione non spunta tutte le caselle della definizione di arte perché le persone hanno diversi approcci alla persuasione. Alcuni persuadono senza mostrare nemmeno un briciolo di emozione, mentre altri si concentrano sull'appello emotivo. Inoltre, non si può parlare della persuasione come di un'arte nel senso in cui lo sono altre forme d'arte come la musica e la pittura. È anche facile persuadere senza l'intenzione di essere unici in alcun modo. Tuttavia, la persuasione contiene effettivamente altre qualità che la qualificano per essere un'arte: è complessa, intellettualmente stimolante, trasmette un messaggio complesso, può essere abbastanza originale, e mette in evidenza il tuo punto di vista.

Ci si può chiedere quale sia lo scopo della persuasione. Perché dovreste sprecare il vostro prezioso tempo ed energia per persuadere gli altri? Non è anche una forma di manipolazione? La verità è che bisogna imparare a persuadere gli altri per raggiungere qualsiasi successo nella vita. Ogni venditore ha dovuto persuadere un cliente a comprare i suoi prodotti. Ogni insegnante ha dovuto persuadere i genitori che può fare un buon lavoro. Ogni persona sposata ha dovuto persuadere il suo partner a sposarlo. Ogni impiegato ha dovuto convincere il datore di lavoro ad assumerlo. Ogni politico di successo ha dovuto persuadere gli elettori a votare per lui.

Come potete vedere, quasi ogni successo nella vita richiede che voi convinciate gli altri che avete la capacità di adattarvi e soddisfare i mandati della posizione che intendete occupare. La persuasione sembra essere alla base di ogni impresa umana.

Le basi della persuasione

I seguenti sono i principi della persuasione. governano la capacità di convincere le persone a condividere le tue ideologie e punti di vista:

Scarsità

La gente è più attratta da persone, prodotti o opportunità che sono esclusivi o in edizione limitata. Quando le persone percepiscono una carenza imminente, tendono a richiedere risorse scarse, e se possono essere comprate, le comprano in eccesso.

Le aziende approfittano di questa tendenza e suggeriscono scarsità nella loro fornitura (solo cinque pezzi rimasti), limitando il tempo in cui un'offerta è disponibile (disponibile solo per tre giorni), o suggerendo scarsità nella frequenza con cui un'offerta viene fatta (vendita annuale). I clienti, spinti dalla paura di perdersi, rispondono facendo acquisti, la maggior parte dei quali sono non pianificati e impulsivi.

Nella vita, tutto si misura in base al suo valore relativo. Se qualcuno pensa che qualcosa abbia valore, io sarò spinto ad accordare lo stesso valore all'oggetto. Spesso vogliamo possedere le cose perché gli altri le hanno. Pertanto, se vuoi che qualcosa sia considerato prezioso, devi renderlo scarso, e questo include anche te stesso. Nella comunicazione, se vuoi che la gente dia valore alle tue parole, parla meno.

Reciprocità

Ogni volta che si fa del bene a qualcuno, c'è un assillo naturale e una spinta a ricambiare il gesto. Questo comportamento è radicato nel DNA umano in modo che possiamo aiutarci a vicenda a sopravvivere. È interessante notare che si potrebbe anche far pendere la bilancia della reciprocità per favorirvi in modo sproporzionato dando alcuni piccoli gesti che mostrano la vostra considerazione per gli altri, e quando chiedete un aiuto o un favore, gli altri lo offriranno volentieri.

Autorità

È impossibile convincere qualcuno a fare qualcosa quando non sembri avere esperienza o conoscenza in quel campo. Nessuno vuole essere condotto sul terreno traballante del trial and error. Un persuasore deve irradiare abilità e competenze speciali. È più probabile che ci si fidi degli esperti. Irradiano autorità nei loro campi. Pertanto, quando intendete persuadere una persona a prendere una particolare posizione, assicuratevi che la vostra conoscenza e familiarità con quel soggetto o campo sia irreprensibile. Quando fai questo, costruirai la tua reputazione come esperto o personalità in quel particolare campo.

Piacimento

Uno dei compiti impossibili è convincere un nemico a fare qualcosa. È un esercizio di futilità. Nessuno si fida o ama trattare con qualcuno che considera sgradevole. E se avete a che fare con degli sconosciuti, come fate a farvi piacere? È molto semplice. Basta apparire aperti, gentili, attenti, simpatici ed empatici. Inoltre, fate sapere alle persone che sono molto stimate e apprezzate. L'apprezzamento si dimostra attraverso atti come fare regali, invitare le persone a eventi speciali, offrire informazioni "interne" e fare telefonate regolari. Le persone apprezzano anche la sensazione che tu capisca loro e i loro interessi. Se ne avete la possibilità, date idee o suggerimenti preziosi, e li farete mangiare dal palmo della vostra mano.

Coerenza e impegno

La coerenza assicura ad una persona che otterrà i risultati che si aspetta o che ha ottenuto in un precedente impegno simile. Prima che le persone si impegnino con te, vogliono vedere segni che anche tu sei impegnato e coerente nel dare risultati. La cosa migliore è dare questi segni di impegno e coerenza passo dopo passo, e l'altra parte comprerà lentamente le tue idee.

Per esempio, quando hai a che fare con un cliente che vuole comprare un vestito, crea la coerenza che convince il cliente che tu sei il più adatto a vendere il vestito. Potreste dire: "Sì, abbiamo il vestito in rosso, sì, abbiamo un camerino dove può provare il vestito, sì, possiamo anche consegnarle il vestito, sì, abbiamo una sarta interna che farà le modifiche che preferisce gratuitamente, sì, può portare il vestito a casa oggi". Assicuratevi che tutte le preoccupazioni del cliente possano essere affrontate, e quando avrete finito, il cliente non avrà altra scelta che rimanere con voi.

Supponiamo che un amico o un collega chiami chiedendo se lui o lei può venire da voi per condividere alcune informazioni personali, mostrate che siete impegnati ad ascoltare ciò che l'amico ha da dire, e a fare tutto il possibile per aiutare. Dite: "Sì, sono disponibile a parlare con te ora (o tra poco), ti prometto che la nostra conversazione sarà confidenziale, sei libero di parlarmi di qualsiasi cosa, ti aiuterò il più possibile, hai la mia completa attenzione". Quando dite questo, l'individuo probabilmente si sentirà sicuro e vorrà parlare del problema che lo preoccupa. Dopo la conversazione, assicurate all'individuo che sarete disponibili a parlare quando sarete chiamati a farlo.

Prova sociale e consenso

Le persone sono gli strumenti pubblicitari per eccellenza; quando qualcuno pensa che voi o gli articoli che vendete siano buoni, siate certi che lui o lei lo farà sapere alle altre persone con cui la persona entra in contatto. Inoltre, gli esseri umani tendono ad essere più convincenti di altri metodi pubblicitari. Per esempio, un cliente è più propenso a leggere le recensioni dei clienti e a crederci, al di là degli annunci sulle varie piattaforme mediatiche. Quindi, mentre commercializzate voi stessi e i vostri prodotti o servizi, fate sempre riferimento a coloro che avrebbero qualcosa di positivo da dire, come le referenze nel vostro curriculum o le recensioni dei clienti felici. Le loro opinioni saranno più convincenti di qualsiasi cosa tu possa dire per commercializzare te stesso.

Come convincere qualcuno della tua opinione

Avendo capito cos'è la persuasione e i principi che la governano, vediamo ora come procedere. La prima cosa che dovete tenere a mente è che potete persuadere chiunque, naturalmente, senza nemmeno sforzarvi molto. I seguenti passi e tecniche vi insegneranno come influenzare, da una prospettiva di marketing e personale, ma queste tecniche sono utilizzabili in qualsiasi impegno interpersonale in cui siete coinvolti, dal fare nuovi amici, al convincere un datore di lavoro ad assumervi, al fare rete, al relazionarsi con gli amici. Essi includono:

Iniziare il Mirroring per aiutare a creare un accordo subconscio con l'altra parte

Si presume che il mirroring sia uno dei modi più facili e veloci per creare un accordo tra due parti. Si riferisce agli atti di copiare il volume, la velocità del discorso, il tono e il linguaggio del corpo di qualcuno nel tentativo di riflettere il comportamento di quella persona a lui o lei, proprio come farebbe uno specchio.

La ricerca mostra che rispecchiare il comportamento di una persona produce un'influenza sociale più considerevole sulla persona imitata. Lo studio ha scoperto che gli individui che si rispecchiavano avevano più successo nel persuadere l'altra parte, ed erano considerati con più positività di quelli che non si rispecchiavano.

Il motivo per cui il mirroring funziona così bene è perché comportarsi come l'altra persona tende a mettere l'individuo a proprio agio, il che aumenta le possibilità di costruire un rapporto con loro. Rompe qualsiasi forma di resistenza subconscia che la persona può avere e incoraggia l'individuo a fidarsi di te.

In genere, le persone rispecchiano gli altri inconsciamente, ma quando state imparando a farlo per la persuasione, dovete farlo consapevolmente, fino a quando non vi viene il pilota automatico in modo che ora sia una parte naturale delle vostre interazioni. Il modo più semplice per iniziare è cercare di corrispondere al ritmo e alla posizione della conversazione dell'altra parte. Tuttavia, non saltateci dentro immediatamente. Una regola fondamentale è quella di aspettare circa 5-10 secondi prima di iniziare a rispecchiare l'atteggiamento dell'altra parte in modo che i vostri tentativi non siano troppo evidenti. Ricorda che la tua missione qui è di guadagnare fiducia, non di suscitare sospetti.

Fai attenzione che il rispecchiamento a volte si ritorce contro, specialmente quando rispecchi la negatività, come alzare la voce quando un altro alza la sua o assumere posture negative come incrociare le gambe o le braccia. Anche girare il corpo dall'altra parte dell'individuo comunica negatività. Fai attenzione a non fare nessuna di queste cose.

Essere circondati da altre persone influenti

La legge delle medie afferma che il risultato di ogni particolare situazione è la media di tutti i risultati possibili. Jim Rohn ha portato una nuova prospettiva a questa legge dicendo che una persona è la media di cinque persone con le quali passa la maggior parte del tempo. Ha detto questo in riferimento al fatto che mentre interagiamo con centinaia o migliaia di persone nella vita quotidiana, solo alcune di queste hanno un impatto su di noi. La loro influenza è molto significativa, al punto che influenzano come parliamo, come pensiamo, come parliamo e come reagiamo alle situazioni, tra gli altri.

Ogni volta che si tiene la compagnia di persone a cui si aspira ad assomigliare, si inizierà naturalmente ad emularle, e alla fine si sarà saliti al loro livello. Pertanto, quando si vuole imparare a persuadere e influenzare altre persone, è necessario tenere la compagnia di alcune persone influenti in modo da essere in grado di assorbire i loro modi di fare, il ragionamento, la visione generale della vita e la loro conoscenza, perché questi sono i fattori che hanno contribuito al loro successo.

Tutti noi abbiamo il privilegio di scegliere i nostri amici, le persone con cui passiamo il nostro tempo, ed è meglio che tu selezioni persone che ti renderanno una persona migliore, e ti renderanno più facile raggiungere gli obiettivi che intendi raggiungere nella vita, uno dei quali è diventare una persona influente.

Incoraggiare l'altra parte a parlare di sé

Alla gente piace parlare della propria opinione. La scienza conferma che circa il 30-40% delle parole che pronunciamo riguardano esclusivamente noi stessi. Amiamo esprimere i nostri punti di vista, parlare delle nostre esperienze, dei successi e degli altri. Alcuni si sentono persino a loro agio a parlare delle lotte che stanno attraversando, perché questo dà loro una forma di sollievo e allevia lo stress nella loro mente. Quando gli scienziati hanno studiato il cervello mentre le persone parlavano di sé, e le scansioni hanno mostrato una certa attività in parti del cervello che sono principalmente legate al valore e alla motivazione. È questa stessa area cerebrale che è collegata con una persona che parla di se stessa, e di altre emozioni come l'uso di droghe, sesso e denaro.

Inizia con qualche chiacchiera, poi procedi con alcune domande significative. Mentre la persona parla, ascolta attentamente la risposta data, e dove possibile trasforma la risposta in una domanda di follow-up per far sapere all'oratore che ti sta piacendo il suo discorso. Questo incoraggiamento fa sì che l'interlocutore vada più a fondo e riveli informazioni che non aveva intenzione di dare.

Man mano che l'individuo continua a parlare, avrete uno sguardo più ampio su chi è, cosa crede, e capirete anche le aree di terreno comune in modo che diventi più facile stabilire una connessione personale con lui. Più ascolti, maggiori sono le possibilità di influenzare la persona.

Approfittate delle pause e dei momenti di silenzio

Come abbiamo detto prima, il silenzio è scomodo per molte persone. Li fa sentire spinti a parlare per riempirlo. Una persona influente deve essere pienamente consapevole dell'effetto che il silenzio ha sulle persone, e usarlo a suo vantaggio. Usa il silenzio per far sì che l'altra parte riveli qualche informazione in più, dia degli indizi, o addirittura faccia un errore che potrebbe essere a tuo vantaggio.

D'altra parte, quando si indica che non si ha paura del silenzio in modo da essere senza fretta e più deliberato nel discorso e nelle azioni, si suscita una sensazione di fiducia e di controllo. Quindi, anche in situazioni scomode, sii paziente nel tuo discorso, e apparirai sicuro di te.

Un altro vantaggio del silenzio e delle pause è che ti permettono di elaborare meglio le informazioni che ricevi. Avrete anche il tempo di considerare l'approccio migliore per comunicare alcuni pensieri, in modo da presentare le vostre idee in un modo umano ed empatico che vi aiuterà ad approfondire la connessione che avete con gli altri

Come migliorare la comunicazione persuasiva

A volte la comunicazione persuasiva non funziona perché:

- La persona che riceve l'informazione non si fida del comunicatore

- Credono che ci sia una verità nascosta

- Ci sono informazioni contrastanti su una particolare situazione

- Se le informazioni non sono utili

Per migliorare le tue capacità di comunicazione persuasiva:

Conoscere il proprio pubblico

Quando si usa la comunicazione persuasiva, è importante capire il proprio pubblico o la persona con cui si sta comunicando. La comunicazione persuasiva diventa efficace se si rivolge ai bisogni del pubblico o se il pubblico sente che può relazionarsi con il comunicatore in qualche modo. Una delle sfide qui è perché il pubblico ha il potere di scelta, e il comunicatore sta cercando di influenzarlo a fare una scelta particolare.

Catturare la loro attenzione

Per catturare l'attenzione del pubblico, è necessario essere credibili, influenti e autorevoli. Le persone prestano molta attenzione alle figure autorevoli o ai leader industriali perché sentono che hanno qualcosa da condividere con loro e quindi devono essere appassionate a ciò che dicono. Questo è il motivo per cui un buon numero di aziende usa le celebrità per commercializzare i loro marchi. Un altro modo per catturare l'attenzione del pubblico è quello di utilizzare fatti e cifre, le persone sono più inclini ad ascoltare quando si hanno prove in confronto al semplice dire loro di credervi.

Uso del linguaggio del corpo

Quando si comunica verbalmente, il linguaggio del corpo influenza la vostra capacità di persuadere tanto quanto le vostre parole. Quando ci si agita molto, appare come se non si fosse sicuri delle informazioni che si sta cercando di trasmettere o quando si incrociano le braccia, si appare come aggressivi o ostili. Evitare il contatto visivo mostra anche che si sta nascondendo qualcosa. Per essere più persuasivo, devi rilassarti, evitare di incrociare le braccia, usare i gesti e mantenere sempre il contatto visivo.

Personalizza il tuo messaggio

Idealmente, le persone hanno più possibilità di persuadere altre persone quando comunicano con loro faccia a faccia. Uno dei vantaggi di questo è che se un pubblico ha domande di follow-up, può ottenere risposte immediate. Per migliorare la comunicazione persuasiva, è importante adattare il messaggio al pubblico. Non si può usare il gergo quando si comunica con i bambini, usare invece un linguaggio semplice.

Comunicare i loro benefici

Per migliorare le vostre abilità di comunicazione persuasiva, dovete convincere il vostro pubblico di come ciò che state proponendo li avvantaggerà. Se state cercando di convincere le persone a comprare una particolare marca, dite loro i benefici che ottengono rispetto alle altre marche.

Assicuratevi che il vostro messaggio sia compreso

Quando si persuade un pubblico o un individuo, è importante assicurarsi che capiscano il vostro messaggio prima di arrivare alla parte persuasiva. Chiarisci o riformula ciò che stai cercando di dire per far sì che le altre persone lo capiscano prima di poterle persuadere

Farlo ripetutamente

Un altro modo per migliorare le tue abilità persuasive è quello di farlo ripetutamente. Le persone raramente salgono a bordo la prima volta, ma quando lo sentono ancora e ancora, anche da altre persone, si interessano. Questo è il motivo per cui gli annunci sui media suonano più volte al giorno. Tuttavia, fate attenzione a non vendere troppo.

Sii onesto e sincero

È importante che il pubblico costruisca la fiducia con il persuasore prima che possa essere persuaso. Assicurati sempre che qualsiasi cosa tu stia vendendo faccia veramente quello che dici. Vendi qualcosa di legittimo.

Ognuno usa la comunicazione persuasiva nella sua vita quotidiana, quindi seguire i consigli descritti sopra vi permetterà di affinare le vostre abilità persuasive.

La definizione di rapporto e il processo per crearlo

Il rapporto è il processo di sviluppo di una connessione con qualcun altro. Forma la base per relazioni significative e armoniose tra le persone. Le persone possono costruire un rapporto sia istantaneamente che nel tempo. Si sviluppa un rapporto con qualcuno quando:

- Entrambi avete pensieri e sentimenti positivi per l'altro

- Siete entrambi amichevoli e mostrate attenzione e preoccupazione

- Entrambi condividete una comprensione comune

Un certo numero di cose come il linguaggio del corpo, il contatto visivo e il ritmo possono essere utili per costruire il rapporto.

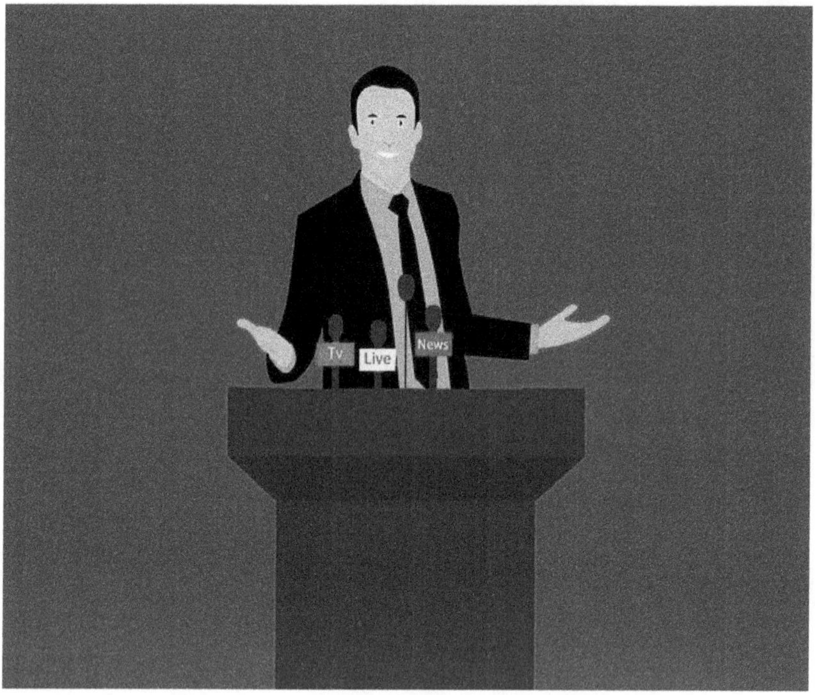
Tv
Live
News

Parlare in Pubblico

L'Importanza del Parlare in Pubblico

La maggior parte delle persone rabbrividisce al pensiero di fare un discorso in pubblico, ma la parola parlata ha così tanto potere sul discorso scritto. Pertanto, che tu sia un insegnante, uno studente, un imprenditore, un impiegato o un leader, parlare in pubblico è un'abilità molto importante da padroneggiare e avere.

Può essere richiesto di fare una presentazione di un progetto a scuola, una presentazione al lavoro, un prodotto o un servizio a un cliente o un discorso a una riunione di famiglia, tutte cose che richiedono di essere a proprio agio nel parlare in pubblico. Per coloro che non sono bravi, è un'abilità che vale la pena imparare. Ecco alcune ragioni per cui questa abilità è importante:

Parlare in pubblico aumenta la fiducia in se stessi

La nostra autostima, nella maggior parte dei casi, si basa su ciò che gli altri pensano di noi, il che non dovrebbe essere sempre il caso. Attraverso il parlare in pubblico, siamo in grado di aumentare le nostre capacità di comunicazione e quindi diventare più a nostro agio con le persone e parlare con loro. Più si diventa bravi a parlare in pubblico, è probabile che la fiducia in se stessi non potrà che aumentare e questo, a sua volta, farà di voi un oratore pubblico ancora migliore.

Aumenta la conoscenza

Gli organizzatori di eventi non chiedono a chiunque tra la folla sia interessato a tenere un discorso di alzarsi e farlo. Prima che un oratore pubblico si alzi di fronte alla folla per tenere un discorso, lui o lei deve fare delle ricerche. Pertanto, nel corso di un lungo periodo di tempo, una persona è destinata a migliorare le sue capacità di ricerca e a raccogliere un'immensa quantità di conoscenze. Il processo di preparazione aiuta anche l'oratore a capire ancora meglio l'argomento.

È un'opportunità per mostrare e condividere la conoscenza

Quando un oratore si trova a parlare di fronte a un gruppo di persone, sta trasferendo informazioni da lui stesso al pubblico presente. Perciò, assumere ruoli di relatore posiziona un individuo come un esperto con conoscenze in una particolare area. Le persone nel pubblico, quindi, guarderanno all'oratore non solo per quanto riguarda il contenuto che lui o lei sta condividendo, ma anche per tutti gli aspetti che circondano l'argomento che lui o lei sta condividendo.

Il Public Speaking trasmette un messaggio a un pubblico più vasto in un breve periodo

I discorsi permettono agli oratori di trasmettere un messaggio a un gran numero di persone in un breve periodo. Ci vorrebbe molto tempo per tutte le persone del pubblico per scendere, condurre la stessa ricerca e arrivare a risultati uguali o simili. Inoltre, il pubblico di un evento in cui un oratore tiene un discorso può anche svolgere il ruolo di diffondere il messaggio ad altre persone che conoscono e che non hanno potuto partecipare all'evento.

Fornisce una piattaforma per sostenere certe cause

Se un individuo ha una certa causa che gli sta a cuore, lui o lei può farla conoscere ad altre persone tenendo discorsi pubblici e parlandone alla gente. Alcune delle più grandi rivoluzioni del passato hanno ottenuto un seguito massiccio dopo che oratori esperti hanno caricato la gente con i loro discorsi. Le persone che tengono discorsi in modo eccellente convincono i loro ascoltatori a comprare la causa e nel processo portano a un cambiamento sociale positivo.

Unisce le persone

I discorsi favoriscono la coesione perché presentano un'opportunità per le persone di riunirsi per condividere idee. I politici che si candidano per una carica pubblica chiamano sempre i loro sostenitori a raccolta per ascoltarli parlare, e più si rivolgono a grandi folle, più diventano bravi a tenere discorsi e più la gente vuole votare per loro. Un tale raduno pubblico costringerà gli esseri umani a interagire con altre persone che la pensano come loro, e queste interazioni possono favorire lo sviluppo di una comunità.

Aiuta a sviluppare altre abilità

Parlare in pubblico non solo migliora le capacità di comunicazione dell'oratore, ma aiuta anche a sviluppare altre abilità come la leadership, le capacità di negoziazione e le capacità delle persone. Potreste scoprire che le persone che sono i più grandi oratori pubblici finiscono per diventare alcuni dei migliori leader a causa della leadership e delle abilità interpersonali che sviluppano nel loro tentativo di diventare esperti oratori pubblici.

Parlare in pubblico ti fa progredire nella vita

Parlare in pubblico ti rende più visibile e può, quindi, accelerare la tua promozione. Parlare in pubblico ti mette in una posizione di influenza, il che significa che puoi fare la differenza nel tuo posto di lavoro e nella comunità. Con questa abilità, puoi negoziare per un lavoro e condizioni migliori. Gli imprenditori con una buona capacità di parlare in pubblico possono anche chiudere accordi rapidamente.

Principi del Parlare in Pubblico

Come detto prima, parlare in pubblico è il processo di stare di fronte a una folla e trasmettere informazioni. Parlare in pubblico non è così facile come molti pensano e la maggior parte delle persone che sono brave a farlo hanno ricevuto una formazione, o l'hanno fatto molte volte. Qui ci sono alcune linee guida sui fondamenti del parlare in pubblico e i passi che un individuo può fare per diventare migliore in esso.

I principi del parlare in pubblico includono:

1. Perfezione - È quasi impossibile parlare in pubblico e non fare errori, anche i guru del parlare in pubblico a volte commettono errori. Puoi balbettare, parlare male o trovarti a dire un paio di "ehm" che ti fanno sembrare meno sicuro. Tuttavia, quando fate un errore nessuno lo sa o se ne preoccupa tranne voi. Pertanto, continua, scusati solo se l'errore è stato importante.

246

Semmai, il pubblico si relaziona di più con voi quando fate un errore perché dimostra che nessuno è perfetto.

2. Percezione - Ogni giorno teniamo conversazioni di routine con le persone al lavoro o a casa e lo facciamo essendo noi stessi. Tuttavia, quando si tratta di parlare in pubblico, qualcosa cambia. Ci dimentichiamo di essere noi stessi e ci concentriamo sul pubblico. Parlare in pubblico significa essere rilassati, tenere una conversazione interessante ed essere a proprio agio, ma soprattutto essere noi stessi. Non cercate di cambiare il processo attraverso il quale organizzate i vostri pensieri e come parlate normalmente solo perché vi rivolgete a più persone del solito.

3. Visualizzazione - La visualizzazione è fondamentale nel parlare in pubblico. Fare pratica e creare immagini e tecnica nella vostra mente può aiutarvi a comunicare il messaggio. È anche un buon modo per sbarazzarsi del panico e dell'ansia quando si parla in pubblico. Potete anche visualizzare il pubblico che applaude alla fine per tenervi motivati.

4. Disciplina - Per essere un oratore pubblico efficace, dovete continuare a fare pratica. La pratica rende perfetti o in questo caso efficienti. Qualcuno che ha parlato in pubblico per anni sarà più efficiente di chi ha appena iniziato. Anche i migliori musicisti del mondo devono esercitarsi ogni giorno. Anche se hanno cantato per anni, hanno ancora bisogno di esercitarsi per suonare bene sul palco.

5. Personalizza il messaggio - È importante adattare il tuo messaggio al pubblico. Quando si generalizza, il pubblico non ha modo di relazionarsi con il messaggio e può anche smettere di prestare attenzione. Il pubblico di solito si relaziona di più con te e si scalda anche quando personalizzi il messaggio e condividi le tue esperienze personali. Alla gente piace sentire le vittorie e le tragedie degli altri perché probabilmente hanno vissuto la stessa cosa.

6. Ispirazione - Una buona svolta nel parlare in pubblico è quella di togliere l'attenzione da te stesso e spostarla sul tuo pubblico. Dopo tutto, si suppone che il vostro messaggio sia di beneficio a loro e non a voi di per sé. Quando create il vostro discorso, conoscete lo scopo finale e abbiate sempre in mente il pubblico. Mantenete l'attenzione sul pubblico, osservate le loro reazioni e regolate il vostro discorso di conseguenza. Potete anche coinvolgerli mentre parlate.

7. Anticipazione - Quando parlate in pubblico, evitate di fare lunghi discorsi noiosi. Le persone tendono ad allontanarsi quando i discorsi sono troppo lunghi e si chiedono cosa avete appena detto quando sono troppo brevi. Fallo sempre più breve del previsto e lascia che vogliano di più. Lasciate il pubblico a desiderare che abbiate parlato un po' di più. Significa che hanno apprezzato ogni pezzo del discorso.

8. Autenticità - L'autenticità è vitale. Quando si parla in pubblico si è buoni solo quanto il proprio discorso. I grandi discorsi non

capitano per caso; i migliori sono perfetti per la persona che li fa. Il vostro discorso dovrebbe avere qualcosa che lo rende unico solo per voi. Il pubblico preferisce ascoltare un oratore che si connette con loro personalmente ed emotivamente piuttosto che uno che è solo schietto e fa un grande discorso.

9. Autorità - Quando siete su quel palco o piattaforma, siete al comando. Parlare in pubblico è già un atto di leadership e quindi dovreste assicurarvi di guidare il pubblico. Quando perdete la vostra autorità mentre siete sul palco, il pubblico smetterà di ascoltarvi. Essere in autorità, tuttavia, non significa che non potete essere vulnerabili o condividere i vostri errori.

10. Lo scopo del tuo discorso - Prima di fare un discorso, devi conoscere lo scopo di base del discorso che stai per fare. Ci sono tre ragioni generali per cui le persone fanno discorsi

- Per informare, si vuole trasmettere al pubblico alcune informazioni che attualmente non hanno.

- Per intrattenere, si vuole mantenere il pubblico vivace e ridere. Questo tipo di discorso a volte può contenere informazioni importanti ma consegnate in modo divertente

- Per persuadere, si vuole cambiare le opinioni o le percezioni del pubblico su qualcosa.

Conosci Il Tuo Pubblico

Un buon modo per migliorare le vostre capacità di parlare in pubblico è parlare con facce familiari. Se non avete amici o persone che conoscete, parlate con una o due persone nel pubblico quando arrivate. Diventeranno i vostri alleati nel pubblico. Mentre parlate, è anche importante osservare il feedback e aggiustare il vostro discorso di conseguenza. Allo stesso tempo, quando parlate, assicuratevi che il vostro discorso muova le persone all'azione, se questo non avviene mai, allora avrà effetto zero.

Cattura l'Attenzione

Devi essere rilassato quando parli in pubblico, quindi evita di arrivare tardi e di correre sul palco senza darti il tempo di rilassarti. Inizia con una storia personale o una citazione, è un buon modo per catturare l'attenzione del pubblico e calmare i nervi.

Strategie: Come parlare in pubblico con fiducia e superare la paura

Ecco alcuni consigli su come puoi iniziare il tuo viaggio per superare la glossofobia:

Ricerca sul tuo argomento

Il trucco per fare dei buoni discorsi è quello di prepararsi bene almeno una settimana prima del giorno in cui si terrà il discorso. Questo significa ottenere quante più informazioni possibili sul tuo argomento e comprenderlo in modo da essere abbastanza sicuro di presentare il tuo materiale e rispondere a tutte le domande che possono sorgere. Conoscere il tuo argomento ti permette anche di impegnarti meglio con il pubblico nel caso in cui sorga una discussione. Se puoi, anticipa alcune delle domande che il pubblico potrebbe fare e prepara le risposte.

La pratica rende perfetti

Una volta che hai abbozzato il tuo discorso, esercitati il più possibile perché più ti eserciti e meglio diventerai. Fallo davanti a uno specchio o davanti ai tuoi animali domestici, se necessario, perché questo ti aiuterà a visualizzare come ti sentirai in un giorno materiale. Chiedete ad alcuni membri della famiglia o amici di ascoltarlo e di darvi un feedback. Potete anche fare pratica di fronte a dei completi sconosciuti che non avranno problemi ad ascoltarvi. Fare frequenti discorsi motivazionali presso gruppi locali può anche migliorare le vostre capacità di parlare in pubblico.

Fare discorsi più brevi all'inizio

Superare la glossofobia potrebbe richiedere un po' di tempo, anche se è sempre diverso in persone diverse. Più spesso che no, questo processo richiede alle persone di fare piccoli passi per superarla. Con questo in mente, si dovrebbe provare a fare discorsi più brevi prima di passare a quelli più lunghi. Un buon modo per fare pratica è quello di aprire il podio ad un altro oratore. Sapere che non siete l'attrazione principale vi metterà in qualche modo a vostro agio. Questi discorsi non dovrebbero essere più lunghi di tre minuti.

Fate il vostro discorso in luoghi familiari

Se devi fare un discorso e ti capita di avere voce in capitolo sul luogo in cui la tua presentazione avrà luogo, scegli un luogo che ti è familiare. Per esempio, se devi fare una presentazione aziendale scegli di farla nella tua sala conferenze, che ti è familiare. In questo modo sei consapevole della capacità di seduta, della disposizione dei posti a sedere, dell'illuminazione e della sezione della stanza in cui collegare i tuoi dispositivi elettronici per la presentazione. In questo modo si elimina anche lo stress dell'allestimento e il rischio che qualcosa vada storto o non funzioni.

Coinvolgere il pubblico

Impegnarsi con il pubblico può aiutare a rendervi meno nervosi. Ci sono diversi modi per farlo: puoi fare grandi cose con alcune delle persone che entrano prima dell'inizio della presentazione, puoi iniziare la presentazione facendo una domanda al tuo pubblico o puoi invitare il pubblico a commentare alcuni punti del tuo discorso. Questo ti dà l'opportunità di fare una pausa e di riorganizzare i tuoi pensieri e di dare al tuo pubblico l'opportunità di aprirsi con te.

Sii vulnerabile

A seconda della folla a cui ti rivolgi, puoi essere sincero con il pubblico e ammettere che sei nervoso o che hai dimenticato quello che volevi dire. È probabile che il pubblico rida quando dite queste cose e questo vi metterà a vostro agio. Va bene anche chiedere un minuto per ricomporsi.

Usare oggetti di scena

Gli oggetti di scena possono essere qualsiasi cosa, da un video, a una presentazione PowerPoint, a un altro oratore, a una persona nel pubblico che può aiutarvi a leggere i punti sullo schermo. Se siete nervosi quando parlate, l'uso di oggetti di scena riduce il tempo che avete per parlare. Le attività del pubblico, una domanda e una sessione di discussione tolgono l'attenzione da voi.

Oscurare la stanza

Se gli sguardi acuti e le facce severe del tuo pubblico ti rendono nervoso, dimentica di immaginarli in mutande e abbassa le luci. Se devi dare una scusa per farlo, fingi di non riuscire a leggere bene lo schermo con tutto il riverbero delle luci. In questo modo sarete meno distratti e intimiditi dalle espressioni facciali delle persone e potrete concentrarvi sul tenere il vostro discorso. Tuttavia, questo funziona soprattutto se c'è un palco e l'illuminazione è separata.

Respirare

È normale che le persone accelerino i loro discorsi quando sono nervose. Leggere un discorso alla velocità della luce non aiuta certo a mantenere la calma. Una respirazione scorretta può influenzare il vostro discorso e farvi sembrare senza fiato o meno fiduciosi. Invece, dovreste fare una pausa strategica tra una frase e l'altra o coinvolgere il pubblico in un'attività in modo da poter riprendere fiato e bere un sorso d'acqua.

Festeggiare il successo

Una volta che avete superato quella che potrebbe essere stata la più grande sfida della vostra vita, riflettete su come vi siete comportati. Puoi chiedere a un amico di assistere al tuo discorso o di registrare il discorso per poi rivederlo in seguito. Applaudire te stesso per le parti che sono andate bene e lucidare le aree che devono essere migliorate. Con il tempo, padroneggerai l'arte di parlare in pubblico.

Controlla la Timidezza

La capacità di mantenere un buon modello di conversazione è una delle molte ragioni per cui siamo etichettati come umani. Si dice spesso che gli esseri umani sono esseri sociali; tuttavia, come si fa a sostenere questo fatto ovvio se non si sa come mantenere al meglio una conversazione con qualcuno?

Si dice che una delle tante regole della comunicazione con chiunque sia il fatto che il decodificatore deve capire il codificatore in modo che la comunicazione sia perfetta.

Mentre questo è il caso, questo potrebbe rivelarsi molto difficile per molte persone che sono timide, perché sentono che la gente potrebbe vedere i difetti in loro e si specializzano su di loro. Questo ci porta alla domanda: "perché alcuni esseri umani si sentono timidi?

PERCHÉ LE PERSONE SI SENTONO TIMIDE?

Molte persone si sentono timide per una serie di ragioni, più spesso che no, si dice che la ragione principale per cui molte persone si sentono timide è perché hanno una bassa autostima, mentre questo potrebbe essere vero, ci sono una pletora di ragioni per cui le persone si sentono timide, e non deve necessariamente essere perché hanno una bassa autostima di se stessi.

In un recente sondaggio che è stato condotto su una serie di persone timide, per quanto riguarda le ragioni per cui sono timide quando comunicano con le persone nel loro ambiente sociale, siamo stati in grado di delineare alcune ragioni per cui le persone sono timide, e comprendono:

Educazione privata:

Alcune persone sono timide a causa del modo in cui sono state educate. Sarebbe interessante sapere che alcune persone sono state educate dai loro genitori in modo tale da non interagire con le persone all'esterno, e questo è dovuto a molte ragioni.

Il principale è il fatto che non vogliono che i loro figli facciano amicizia con cattive compagnie, e questo finisce per farli sentire come se avessero bisogno di avere la loro vita in privato. Per questo tipo di ragazzi, quando alla fine avranno la necessità di uscire di casa, potrebbero avere un motivo o due per trattenersi e non comunicare con le persone che trovano nel loro ambiente sociale.

Fattori sociali:

Ci sono molte cose che potrebbero contribuire al fattore sociale, che rende molte persone timide. Una di queste ragioni è a causa di una cosa o l'altra con cui queste persone sono state messe in contatto.

Molte persone diventano timide a causa di un desiderio che hanno avuto e che le ha deluse o perché sono state rifiutate da qualcuno che ammirano. Tutti questi fanno parte dei fattori sociali che possono rendere le persone timide

Paura:

Alcune persone diventano timide anche perché hanno paura di essere sotto i riflettori o di essere visti dalla gente. Ci sono tonnellate di persone che diventano timide perché hanno paura di ciò che la gente potrebbe pensare di loro, ma non riescono nemmeno a capire che, indipendentemente da dove ci si trovi, si attira sempre qualche tipo di attenzione su di sé.

Convalida:

Molte persone sono timide perché non ricevono convalide da coloro da cui se le aspettano. Presumono che l'unico modo in cui possono sapere che stanno facendo le cose nel modo giusto è quando la gente li riconosce per averle fatte in quel modo, non si rendono conto che molte altre persone sentono il bisogno di fare le cose giuste perché si appella abbastanza bene alla loro coscienza.

Nota bene: che una persona sia timida o meno, ci saranno sempre conseguenze per le sue azioni o inazioni. Indipendentemente da questo fatto, uno deve sforzarsi in ogni momento della sua vita per assicurarsi di essere nella parte migliore di qualsiasi cosa faccia.

CONSEGUENZE DELL'ESSERE UNA PERSONA TIMIDA

Molte persone potrebbero dire che va bene essere una persona timida, soprattutto perché ti permette di essere al sicuro, ma in più di un modo, essere timidi potrebbe costarti molto, e questo ci porta ad alcune delle conseguenze dell'essere timidi. Per citare solo alcune di queste conseguenze:

Quando sei timido, dai l'impressione sbagliata di te:

Ci sono persone nel mondo in cui viviamo oggi che non volevano dare l'impressione che hanno dato agli altri, ma poiché sono ricettivi e timidi, hanno dato queste impressioni.

Una di queste impressioni è il fatto che la gente suppone che tu sia orgoglioso, solo perché sei una persona timida, e questo tipo di impressione sarebbe stata facilmente confutata se tu sei il tipo che è vocale riguardo alle sue intenzioni. Nessuno vuole davvero essere coinvolto con uno che si presume sia orgoglioso, e questo ci porta alla prossima conseguenza dell'essere timidi.

Quando sei timido, le persone non ti avvicineranno per qualcosa che sentono che puoi fare:

La ricerca dice che le persone timide sono quelle che raramente parlano delle loro capacità. Quando le persone non sanno che sei capace di fare qualcosa, non ottieni il meglio dal tuo rapporto con le persone, sia esso ufficiale, sociale o di qualsiasi altro tipo.

Quando si è timidi, si è destinati ad essere stagnanti

Quando si è timidi, si è destinati ad essere stagnanti perché non si sa come esprimersi al meglio in modo da portare le persone a trovare interesse nel lavoro che si fa. Molte persone che sono timide

Puoi essere imbrogliato:

Le persone che sono timide sono persone che possono essere facilmente imbrogliate perché la gente presume che, indipendentemente da qualsiasi cosa facciano a queste persone, non parlerebbero mai o si lamenterebbero di loro.

Non c'è nulla da ammirare in una persona timida, e questo è ciò che ci porta al nostro prossimo argomento.

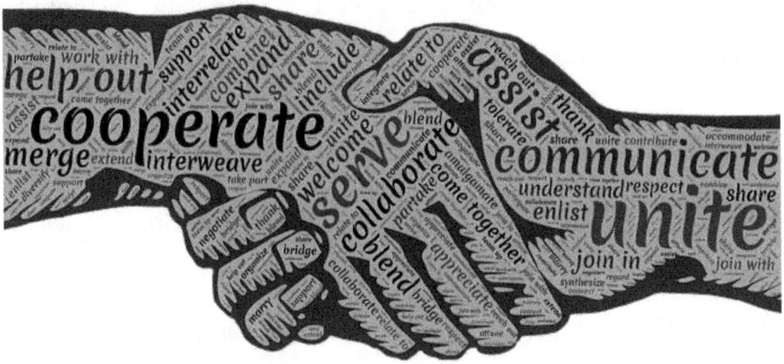
cooperate
help out
work with
partake
merge
extend
interweave
support
interrelate
combine
expand
share
include
welcome
unite
serve
collaborate
blend
relate to
assist
thank
tolerate
communicate
understand
respect
share
enlist
unite
join in
join with
come together
appreciate
bridge
negotiate
amalgamate
partake
together
reach out
contribute
accommodate
synthesize

Come Parlare a Tutti

Le Relazione Parlano

Il fondamento di tutte le relazioni umane è quanto bene si riesce a legare con un'altra persona. Due persone iniziano come estranei, e come fanno a formare un legame da lì? Cominciano a comunicare. Interagiscono, iniziano a parlare e iniziano a conoscersi l'un l'altro e lentamente, inizia a formarsi una relazione, che inizia con la capacità di comunicare efficacemente l'uno con l'altro.

Sicurezza e Successo nelle Relazioni

Una cosa è essere sicuri di sé, un'altra è dimostrarlo. Gli ascoltatori possono dire che sei sicuro di te? Questo informerà le loro aspettative. Ci sono quegli oratori che fanno una cattiva prima impressione e vengono respinti dall'inizio. Lo si può vedere nel contegno degli ascoltatori. Sprofondano nelle loro sedie e sembrano annoiati. Un tale oratore avrà difficoltà a recuperare la situazione.

Il modo in cui le persone ti percepiscono influenza il tuo comportamento. Se gli ascoltatori si siedono e sembrano ansiosi quando iniziate a parlare, vi sentirete eccitati a fare proprio questo. Una volta che mostrate fiducia fin dall'inizio, aumentate l'aspettativa, e questa percezione vi rimbalza addosso.

Divertiti anche tu. Sii entusiasta dell'opportunità di parlare e dell'argomento. Parlate con entusiasmo. Sorridete. Una volta che irradiate questi tratti, la folla vi seguirà fino alla fine. Assicuratevi di avere dei punti d'azione alla fine, qualcosa che gli ascoltatori possano provare da soli.

Strategie di Come Parlare a Lavoro con Sicurezza e Avere Successo

Una buona comunicazione è imperativa in qualsiasi ambiente in cui gli esseri umani interagiscono, ma quando si tratta del posto di lavoro, la comunicazione è ancora più critica perché è un influenzatore cruciale del successo del business. Il successo negli affari si riferisce ad avere una squadra organizzata che lavora per raggiungere gli obiettivi organizzativi, soddisfare gli obiettivi di produzione, mantenere bassi i costi di produzione, avere sane relazioni interne e relazionarsi bene con i clienti. Anche assicurarsi una quota di mercato fa parte del successo aziendale, ed è il risultato di tutti i sistemi che lavorano bene insieme, spesso perché le persone comunicano correttamente.

Altri benefici derivati da una buona comunicazione includono:

- Rende gli impiegati più impegnati: La comunicazione collega le persone nell'organizzazione verso un unico scopo e obiettivo. Se l'obiettivo è chiaro, gli impiegati capiscono cosa devono fare per raggiungerlo.

- Fa sì che la forza lavoro sia più produttiva: La comunicazione è un fattore chiave per la produttività della forza lavoro perché promuove la comprensione delle abilità e dei talenti di ogni membro e incoraggia la creatività e l'innovazione. Quindi, la pianificazione organizzativa è fatta in considerazione dei punti di eccellenza di ogni dipendente. Se i risultati sono tutti eccellenti, allora l'azienda e la sua forza lavoro saranno produttivi.

- Previene le incomprensioni con i clienti: Con una comunicazione eccellente, i bisogni e le preferenze dei clienti saranno chiari, il cliente si sentirà ascoltato e compreso, le nuove informazioni saranno presentate in una forma che tutte le parti possono capire, e i conflitti esistenti possono essere risolti rapidamente.

- Allevia i conflitti: Le incomprensioni, il sentirsi ignorati e incompresi spesso provocano conflitti. Le persone entrano in conflitto anche quando non riescono a capire come gli altri comunicano.

Come risolvere i conflitti

Qui sotto c'è uno strumento passo dopo passo per aiutarvi a risolvere i conflitti che sorgono sul posto di lavoro, e in altri forum che implicano l'interazione con le persone.

Non seppellire il conflitto

Quando sorgono i conflitti, non date per scontato che non siano accaduti, o seppelliteli per evitare di parlarne. Le questioni irrisolte sono bombe a orologeria che accumulano pressione e la situazione non fa che peggiorare col tempo. Pertanto, i conflitti dovrebbero essere affrontati non appena si verificano in modo che non ci siano problemi o sentimenti feriti mentre le persone svolgono i loro compiti sul lavoro.

Parlare con l'altra persona

Contatta l'altra parte e fagli sapere che sei interessato a parlare del problema. Invitatela a scegliere un'ora e un luogo in cui incontrarvi comodamente per discutere dell'accaduto. Assicuratevi che il luogo abbia interruzioni minime, se ce ne sono, in modo da avere tutto il tempo per parlare e risolvere i vostri problemi.

Ascolta

Ascoltare è abbastanza essenziale perché ti permette di vedere il problema dalla prospettiva dell'altra parte. Quindi, ascoltate ciò che l'altra parte sta dicendo e preparatevi a reagire. Non interromperlo. Una volta che ha finito di parlare, riassumete e riformulate ciò che ha detto per cercare conferma, in modo da essere sicuri di aver capito tutto ciò che è stato detto. Se hai bisogno di chiarimenti, fai delle domande.

Prendere nota dei punti di accordo e di disaccordo

Con l'aiuto dell'altra parte, prendi nota dei punti su cui sei d'accordo o in disaccordo. Alla fine, chiedete alla persona di confermare la vostra valutazione. Assicuratevi che entrambe le parti siano d'accordo sulle aree di conflitto su cui è necessario lavorare.

Discutere il comportamento, non gli individui

Quando si cerca di capire le cause del conflitto, è facile iniziare ad attaccare la personalità dell'altro. Alcune persone dicono: "Non mi piace quando lasci dei fogli contenenti informazioni sensibili sopra la tua scrivania quando sei fuori". Invece, dite: "Quando carte contenenti informazioni sensibili vengono lasciate sulla scrivania senza supervisione, l'azienda rischia di esporre le informazioni personali dei nostri clienti, e potremmo ritrovarci con una causa legale". La prima affermazione si rivolge alle debolezze della persona, mentre la seconda attacca l'atto stesso.

Sviluppare una lista di priorità

Decidete le questioni che sono di maggiore importanza, e proponetevi di lavorare su di esse prima di passare a quelle di minore importanza. Quando iniziate a discutere la questione, concentratevi sul futuro dell'azienda e su come dovreste lavorare l'uno con l'altro per realizzare gli obiettivi aziendali.

Seguire il piano

Attenetevi all'elenco delle aree di conflitto, affrontandole una per una fino alla fine. Assicuratevi di raggiungere un consenso sulla soluzione di un particolare problema prima di passare al successivo. In tutto questo, mantenete un atteggiamento collaborativo in modo da rimanere uniti, concentrati e impegnati a risolvere i vostri conflitti.

Perdonare rapidamente

Quando i conflitti vengono risolti, la cosa naturale è riconoscere che i sentimenti sono stati feriti, che sono state fatte supposizioni e che sono state dette parole ignoranti. Riconoscete anche che la vostra prospettiva era sbagliata (se lo era), e ringraziate l'altra parte per avervi aiutato a vedere da una nuova prospettiva. Dite alla persona che vi dispiace e perdonatela anche voi. Il perdono superficiale non è abbastanza buono perché provoca rancori che peggiorano con il tempo, e minano ogni progresso che avevate fatto.

Come Aumentare la tua Autostima

La fiducia in sé stessi si mostra nel modo in cui si parla. O ce l'hai o non ce l'hai, e si vede. Le persone si affollano a coloro che sono saldi, mentre tendono a rifuggire da coloro che sono deboli. Se non ce l'hai, allora prendilo. Sì, è così facile. Tu hai la chiave. Siete voi al comando, se scegliete di esserlo. Ecco alcune grandi cose che puoi fare per aumentare la tua autostima:

- Prendi una decisione cosciente ORA per diventare sicuro di te stesso.

- Cambia ciò che non ti piace di te stesso. Se pensi di essere scortese, lavora per essere una persona più gentile e premurosa. Se non ti piace il tuo aspetto, fai quello che puoi per migliorarlo e decidi anche di concentrarti sulla bellezza interiore.

- Fai una lista quotidiana di dieci cose che ti piacciono di te stesso. Prendi carta e penna e inizia ORA!

- Chiedi a un amico fidato 10 cose che gli piacciono di te.

- Ogni giorno, ricorda 10 cose che hai fatto con successo.

- Lodati per ogni passo che fai in avanti.

- Concediti delle ricompense come un caffè speciale, una buona lettura o un lungo bagno nella vasca.

- Ditevi verbalmente allo specchio che siete una persona buona e degna.

- Perdona te stesso per le mancanze.

- Sappi che sei buono come tutti gli altri

Ok, quindi, se fai veramente i passi sopra descritti, sei sulla buona strada per diventare più sicuro di te. Comincerai a vederti sotto una luce completamente nuova e gli altri ti vedranno allo stesso modo. Imparerai a rispettarti di più e gli altri ti seguiranno. Come dice il famoso psichiatra e conduttore di talk show televisivi, il dottor Phil McGraw, "Tu insegni alle persone come trattarti". È vero. Tu sei al posto di guida.

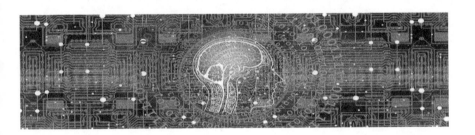

Conclusione

Non ci vuole una scienza missilistica per capire che la comunicazione efficace è l'abilità più importante da imparare e padroneggiare come essere umano. Spero davvero che questo libro sia stato in grado di avvicinarvi a questo obiettivo e di ispirarvi. Ricorda, i comunicatori più efficaci su questo pianeta (leader storici, spirituali e di nuovi movimenti, politici e dittatori di grande impatto, spie eroiche, i migliori insegnanti, seduttori leggendari, celebrità amate dalle masse, proprietari di grandi aziende, buoni genitori, YouTubers popolari, scrittori, giornalisti, psicoterapeuti, stand-up comedians, attori...) di solito non sono semplicemente nati così! La comunicazione è un'abilità come qualsiasi altra e può essere allenata. Se gli altri possono farlo, puoi farlo anche tu!

Ti auguro tutto il meglio per il tuo viaggio e spero che ci arriverai presto! Ricorda: tu sei quello con cui ti attacchi, quindi prima inizi a socializzare con persone che vogliono anche loro essere comunicatori efficaci, meglio è. Cerca il tuo gruppo locale Toastmasters o di retorica, fai pratica con uno specchio e una macchina fotografica, leggi più libri sulla psicologia sociale e sul linguaggio del corpo e non smettere mai di crescere! Il premio principale ne vale assolutamente la pena! Io credo in voi!

CPSIA information can be obtained
at www.ICGtesting.com
Printed in the USA
LVHW012300080721
692216LV00011B/477